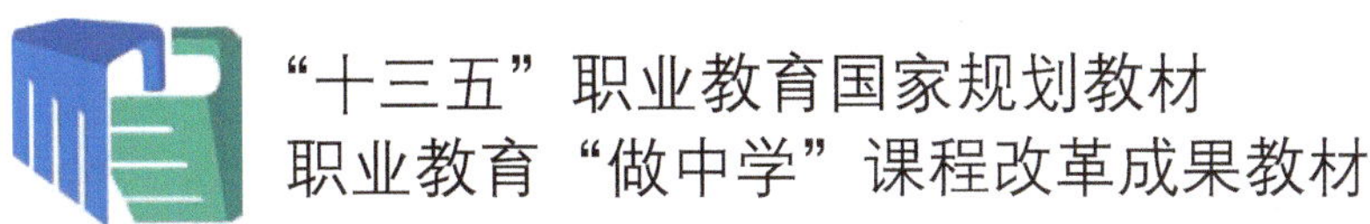

"十三五"职业教育国家规划教材
职业教育"做中学"课程改革成果教材

汽车发动机检修典型项目实训

主　编　陈超杰　周豪波　蒋勇庆
参　编　廖进平　张　东　程汪波
　　　　王　利

本书是职业教育“做中学”课程改革成果教材。本书基于中职学生特点，在教材设计上，采用“教最典型、最常用的专业技能，用最直观、最原始的方式呈现”等职教理念；在教材编写上，坚持“用‘图片’说话、用‘维修手册’衡量、紧贴‘企业实践’、培养‘7S 管理与服从’意识”等创新方式。同时，本书为每个项目的“任务实施”部分配了更加直观的操作视频，方便学生理解，是“立体化”教材的创新实践；每个项目同时配备了两套练习题及答案，使用本教材的师生均可利用上述资源在机械工业出版社旗下“机工云网校”平台上进行在线教学、学习，实现翻转课堂与混合式教学。

本书共设 7 个汽车发动机检修典型项目，内容包括曲轴检修、机油泵检修、正时传动带检修、活塞连杆组检修、气缸盖检修、气门组检修和附件检修。

本书可作为中等职业学校汽车运用与维修专业的教材，也可以作为汽车维修行业从业人员的岗位培训用书。

图书在版编目（CIP）数据

汽车发动机检修典型项目实训/陈超杰，周豪波，蒋勇庆主编．—北京：机械工业出版社，2018.5（2022.9 重印）
职业教育“做中学”课程改革成果教材
ISBN 978-7-111-59902-9

Ⅰ.①汽…　Ⅱ.①陈…②周…③蒋…　Ⅲ.①汽车－发动机－车辆检修－中等专业学校－教材　Ⅳ.①U472.43

中国版本图书馆 CIP 数据核字（2018）第 094062 号

机械工业出版社（北京市百万庄大街 22 号　邮政编码 100037）
策划编辑：曹新宇　责任编辑：曹新宇　李　超
责任校对：王　欣　封面设计：马精明
责任印制：单爱军
北京虎彩文化传播有限公司印刷
2022 年 9 月第 1 版第 5 次印刷
210mm×285mm · 10.75 印张 · 270 千字
标准书号：ISBN 978-7-111-59902-9
定价：49.80 元

电话服务	网络服务
客服电话：010-88361066	机　工　官　网：www.cmpbook.com
010-88379833	机　工　官　博：weibo.com/cmp1952
010-68326294	金　　书　　网：www.golden-book.com
封底无防伪标均为盗版	机工教育服务网：www.cmpedu.com

关于“十三五”职业教育国家规划教材的出版说明

2019年10月，教育部职业教育与成人教育司颁布了《关于组织开展“十三五”职业教育国家规划教材建设工作的通知》（教职成司函〔2019〕94号），正式启动“十三五”职业教育国家规划教材遴选、建设工作。我社按照通知要求，积极认真组织相关申报工作，对照申报原则和条件，组织专门力量对教材的思想性、科学性、适宜性进行全面审核把关，遴选了一批突出职业教育特色、反映新技术发展、满足行业需求的教材进行申报。经单位申报、形式审查、专家评审、面向社会公示等严格程序，2020年12月教育部办公厅正式公布了“十三五”职业教育国家规划教材（以下简称“十三五”国规教材）书目，同时要求各教材编写单位、主编和出版单位要注重吸收产业升级和行业发展的新知识、新技术、新工艺、新方法，对入选的“十三五”国规教材内容进行每年动态更新完善，并不断丰富相应数字化教学资源，提供优质服务。

经过严格的遴选程序，机械工业出版社共有227种教材获评为“十三五”国规教材。按照教育部相关要求，机械工业出版社将坚持以习近平新时代中国特色社会主义思想为指导，积极贯彻党中央、国务院关于加强和改进新形势下大中小学教材建设的意见，严格落实《国家职业教育改革实施方案》《职业院校教材管理办法》的具体要求，秉承机械工业出版社传播工业技术、工匠技能、工业文化的使命担当，配备业务水平过硬的编审力量，加强与编写团队的沟通，持续加强“十三五”国规教材的建设工作，扎实推进习近平新时代中国特色社会主义思想进课程教材，全面落实立德树人根本任务。同时突显职业教育类型特征，遵循技术技能人才成长规律和学生身心发展规律，落实根据行业发展和教学需求及时对教材内容进行更新的要求；充分发挥信息技术的作用，不断丰富完善数字化教学资源，不断提升教材质量，确保优质教材进课堂；通过线上线下多种方式组织教师培训，为广大专业教师提供教材及教学资源的使用方法培训及交流平台。

教材建设需要各方面的共同努力，也欢迎相关使用院校的师生反馈教材使用意见和建议，我们将组织力量进行认真研究，在后续重印及再版时吸收改进，联系电话：010-88379375，联系邮箱：cmpgaozhi@sina.com。

机械工业出版社

preface

前言

长期以来，作为中等职业学校教师，在教学中，我们常常会遇到困惑：面对中职学生，我们应该教什么？换言之，如何去改善中职学生课堂“睡觉、厌学、不想学”的局面？经过多方研究发现：应从学生实际情况出发，教学生喜欢的内容，教企业所需的知识，再整合所教的专业知识，简化理论要点，强化技能操作。所以，在本书编写中，我们着力解决以下几个问题。

一、教什么？——教授最典型、最常用的技能项目

在日常专业教学过程中，各类中等职业学校的专业教师往往要具备两个能力，即教学能力与专业能力，要求教师“既会教、又会干”。结合实际，教师的教学能力往往要比专业能力重要得多。所谓“会教”，就是要求教师用最平实的教学语言，结合最恰当的教学方法，向学生传授最基本的专业理论知识与操作技能。从行业角度来讲，在实际操作过程中，所涉及的专业技能点往往不是“最难的”，而是“最典型、最常用”的专业操作技能点，所谓“最典型技能项目”就是指学生学习这些技能项目以后，到一般汽修店或4S店工作或实习时，都能“用得上”，而这往往也是企业老板或资深师傅要求学生所应具备的工作能力（专业能力），对于那些一来就能“顶岗上任”的学生，各企业老板会“大加赞许”。而所谓“会干”指的是教师的专业动手操作能力，并不是要求教师“全能”，不用样样都会，只要求教师掌握最典型、最常用的专业技能点即可。本书正是基于这一思路，项目理论内容力求简单化，实践内容力求可操作性强。

二、如何教？——用最直观、最原始的方式传授

本书共有7个项目，主要涵盖汽车发动机实训模块，在本书编写上，我们自始至终坚持以下四点：①用“图片”说话。去除过多的理论知识讲解，每个检修项目标准化操作流程均以“高清、高质量、高像素的实物图片”直观展示。②用“维修手册”衡量，对于操作结果是否达标、操作过程是否规范等方面均通过汽车厂家标准维修手册中的操作要点来评定，推出“项目实训工单”，让学生“边操作、边记录、边评价”，以此达到“做中学”效果。③紧贴“维修实践”。在汽车维修协会的支持下，我们与当地8家汽车维修企业开展深层次合作。全面引入汽车企业维修工作流程，科学转化为“问题情境、任务准备、任务引入、遇到困惑、任务深入、任务突出、任务评价”七个环节。

通过收集每个环节的技能操作要点与理论知识要点，将其拍摄成基于汽车发动机检修技能项目实践的“MOOC视频”，达到“企业需要什么，我们就教什么”的育人目标，实现校企无缝对接。④对接“技能竞赛”。教材中部分实训项目以汽车基本技能（个人机修）竞赛项目为蓝本，全面引入技能竞赛测评体系、标准化操作要求等内容，全方位地充实各个实训项目的操作要点，有利于实现“以赛促教、以赛促学”。⑤贯彻“修车即修人”的思政理念。适时地增加汽车行业研发历史、现状及发展趋势等知识，激发学生的自豪感和爱国情感，把学习专业技能和“中国梦、我的梦”联系起来。按照汽车企业7S管理标准，要求人走不留痕，持之以恒、习惯养成，打造与企业相近的实训环境，全程贯彻“修车即修人”的课程思政教育理念，培养学生职业道德及社会责任感。同时，通过促使学生参与小组分工协作，让学生勇于解决任务实施过程中出现的各种问题，培养学生吃苦耐劳、精益求精、管理协作的职业素养。

三、如何学？——适合学生“做中学”

本书主要试用于中等职业学校汽车相关专业课程。在具体教学实施过程中，学生可以分为两组，一组学生可以对照教材中的操作步骤先示范操作，另一组学生现场观摩，每完成一个实训项目，两个组交换一次，保证每组学生至少能够看一遍，再干一遍，便于学生在观摩中相互讨论，在操作中相互交流。此外，学生实习的场地面积一般要求在15～20m^2，能容纳10～13名学生，配备4～6台发动机台架与相关拆装工具。各项目教学课时安排见下表。

各项目教学课时安排

项　目	内　容	课　时
项目一	曲轴检修	5
项目二	机油泵检修	6
项目三	正时传动带检修	6
项目四	活塞连杆组检修	7
项目五	气缸盖检修	8
项目六	气门组检修	6
项目七	附件检修	8
总　计		46

本书由陈超杰、周豪波、蒋勇庆担任主编，参加编写的还有廖进平、张东、程汪波、王利。由于编者水平有限，书中难免有不足之处，敬请读者提出宝贵的意见和建议，以求不断改进和完善。

编　者

二维码索引

Contents 目录

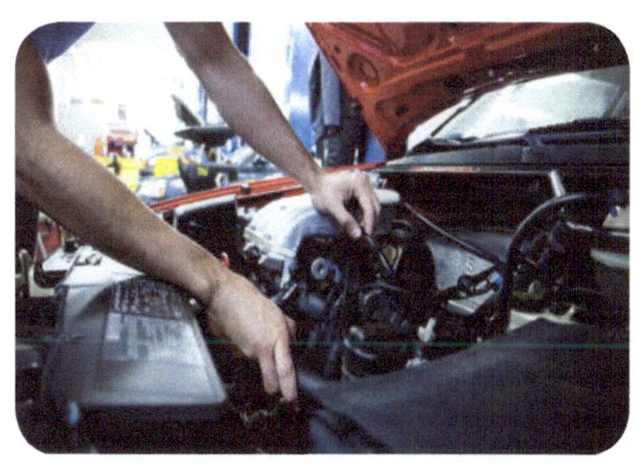

项目一 曲轴检修

学习目标

1. 能说出汽车发动机曲轴的作用、部件组成及实际安装位置。
2. 能正确地记录汽车发动机曲轴的主要检修内容及要点。
3. 能规范地完成汽车发动机曲轴的检修操作流程。
4. 能自觉养成 7S 自主管理的行为习惯。

任务实施操作视频

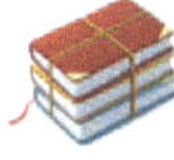

项目导读

曲轴检修是汽车发动机检修的典型项目之一。曲轴的损坏形式主要有曲轴轴颈磨损过度、裂纹、断裂、弯曲、扭曲等，它会使汽车发动机产生故障，导致车辆异常抖动、无法起动。遇到此类问题时，作为汽车机修工，首先应对汽车曲轴的作用、结构组成、工作过程等基础知识有一定的认识，并掌握一些维修工具的名称及使用方法，按照科学、合理的检修流程，完成检修工作。

学时建议

5 学时。其中，发动机曲轴检修的操作流程教学（即任务深入环节与任务突出环节）是重点，也是难点，3 学时。

资料收集

思考：汽车发动机曲轴有什么作用？安装在哪个位置？在检修过程中，需要哪些工具？

1. 利用网络资源

汽车曲轴的作用、部件组成、工作过程、检修流程等基础知识，可以参照浙江职业教育资源网（http://www.zjve.cn/）上的相关内容。它是我国职业教育专业课程改革（教与学）的支持平台和展示职业教育风貌的重要窗口，网站设有各专业资源，如课程介绍、仿真实训、微课程、优秀教案等栏目，学生可以免费使用网站上的所有资源，为以后的专业学习提供帮助。

2. 借助网络课程

进入该网站上的汽修专业教学资源平台，注册并登录，查找相应的网络课程，里面包含教学微视频、理论讲解、操作动画演示等内容，均可供观看与学习。

《汽车常见检修项目》网络课程运行界面与内容

你知道吗？说说以下工具的名称。

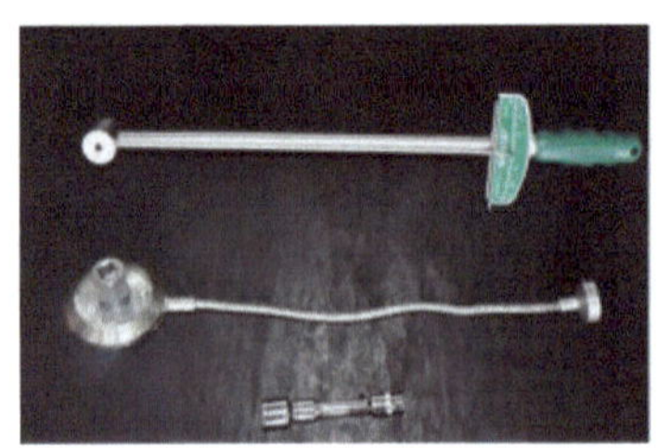

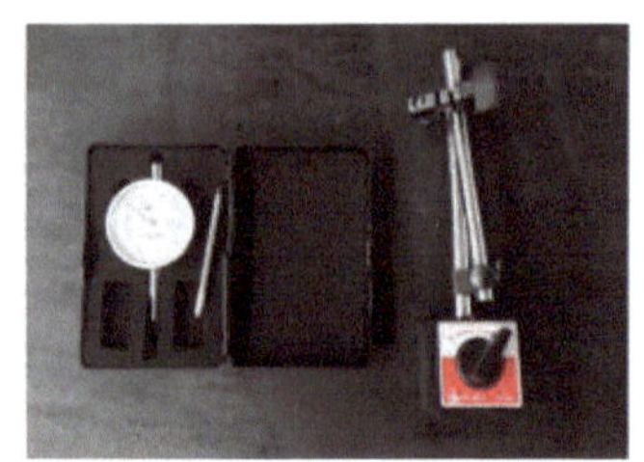

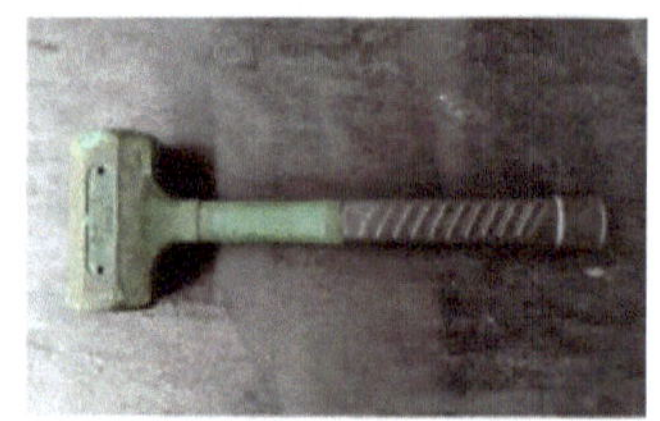

______________　　______________　　______________

3. 教学实施准备

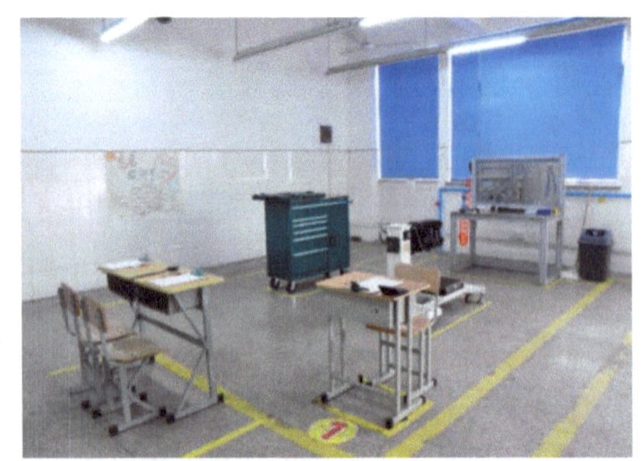

汽车发动机实训室布置图

7S 实训管理风采：分工协作，各司其职

活动展开

1. 问题情境

某车行驶里程 20.565 万 km，车主反映汽车起动机运转正常，但发动机起动困难，抖动严重。

试车后，发现汽车起动机能正常运转，但发动机机体（油底壳处）有严重漏油现象，且有明显异响，需要进一步检查。

导致汽车发动机机体漏油的原因有：

____

____

____

____

2. 任务准备

（1）信息登记

对照实训项目工单，记录维修车辆的基本信息。

（2）工具检查

检查与登记拆装所用工具，标注：

□ 缺失：________________

□ 损坏：________________

□ 失准：________________

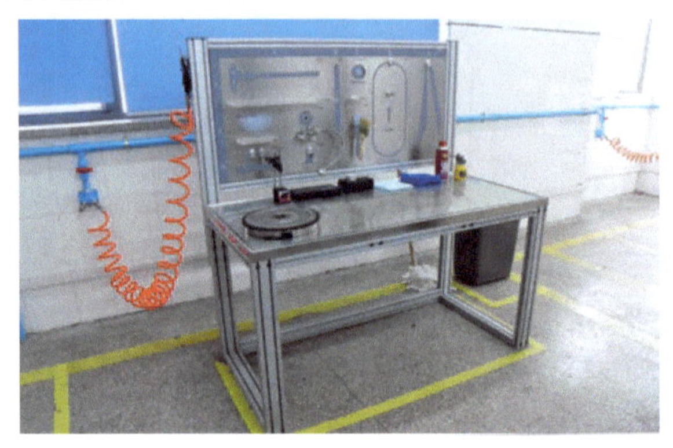

（3）进入工位

进入工位，我们应该：

□ 穿戴好工作服

□ 操作安全自检

□ 准备所涉及的维修工量具

□ 工量具检查

□ 整理工量具

（待完成后，在相应方框内打√，以此类推）

3. 任务引入

（1）基本检查

□ 检查发动机台架固定情况，有无异常

□ 检查台架转动是否顺畅

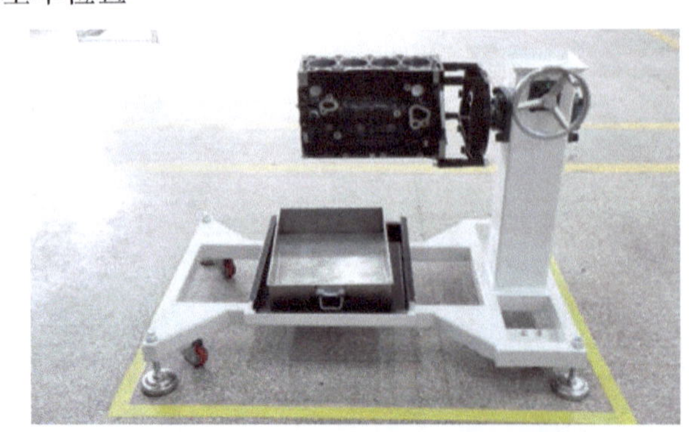

（2）曲轴轴向间隙检查

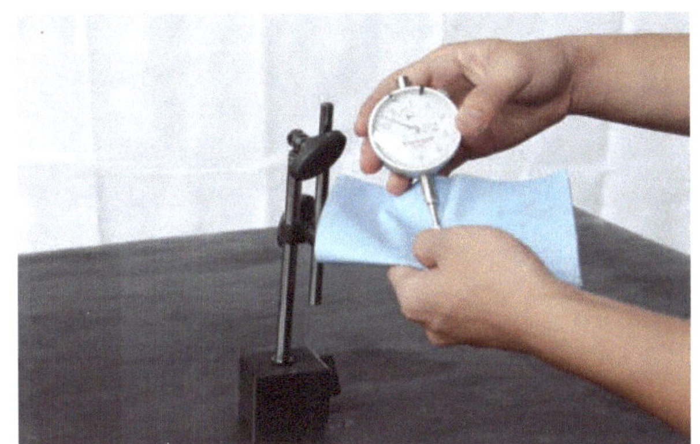

☐ 用软布擦拭百分表表头与接杆，去除灰尘，检查百分表有无损坏，将百分表安装到磁性表座上

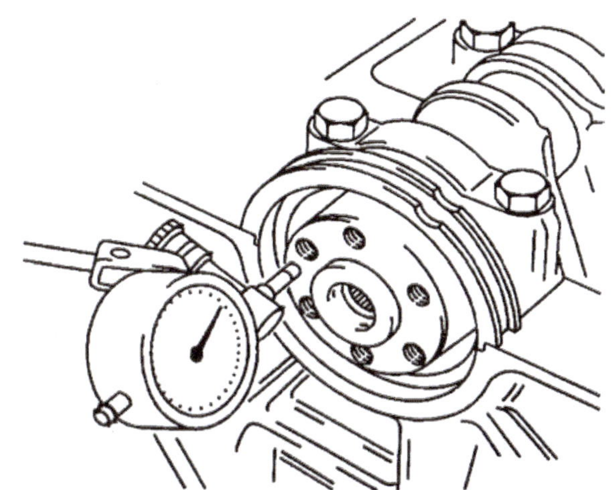

☐ 将百分表吸盘靠近曲轴前端放置并进行调整
☐ 将百分表测头顶住曲轴并进行调节
☐ 用带胶带保护的螺钉旋具纵向移动曲轴
☐ 观察百分表指针跳动量
☐ 允许曲轴轴向间隙为 0.100 ～ 0.202mm

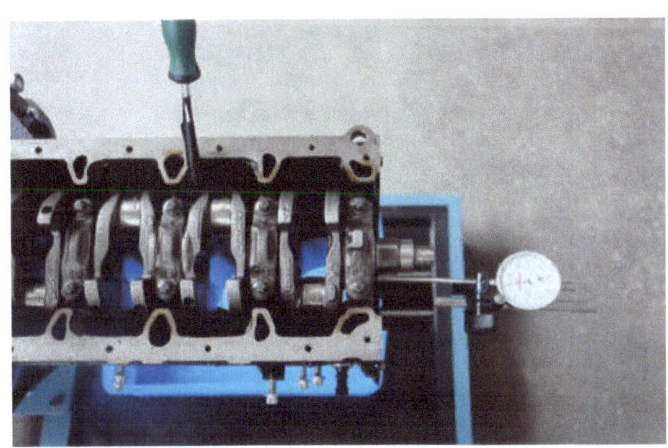

测量值：________________

____

采取措施：________

____

（3）轴承盖拆卸

☐ 拆卸前，用漆笔做好轴承盖的安装顺序标记
☐ 用指示式扭力扳手拆卸各轴承盖上的螺栓
☐ 按照“先两边，后中间”的拆卸顺序，分两次拧松螺栓
☐ 用橡胶锤拧松轴承盖，用右手握住两颗螺栓向上拉出 3 ～ 4cm，然后用手晃动螺栓，松动各轴承盖

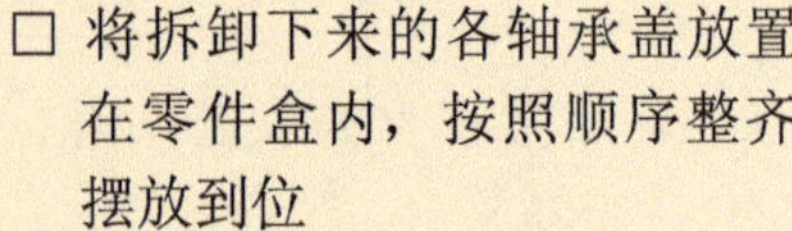

□ 将拆卸下来的各轴承盖放置在零件盒内，按照顺序整齐摆放到位

（4）曲轴拆卸

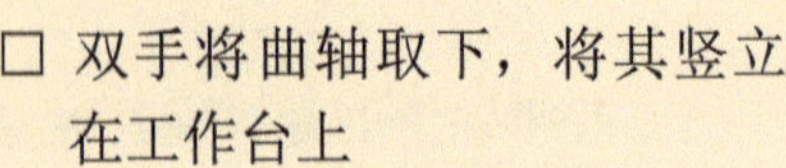

□ 双手将曲轴取下，将其竖立在工作台上

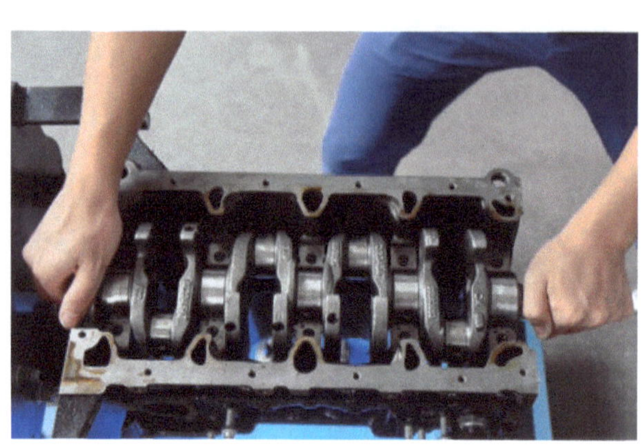

□ 依次取下各个轴瓦

□ 将拆卸下来的各轴瓦放置在零件盒内，不可互换位置，按照顺序整齐摆放到位

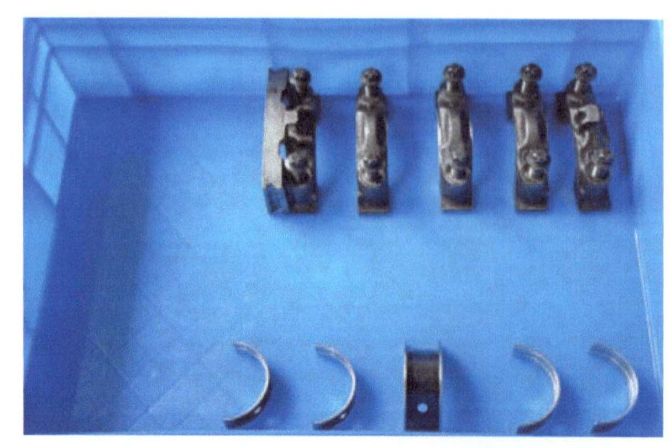

4. 遇到困惑

（1）什么是发动机曲轴？有什么作用？

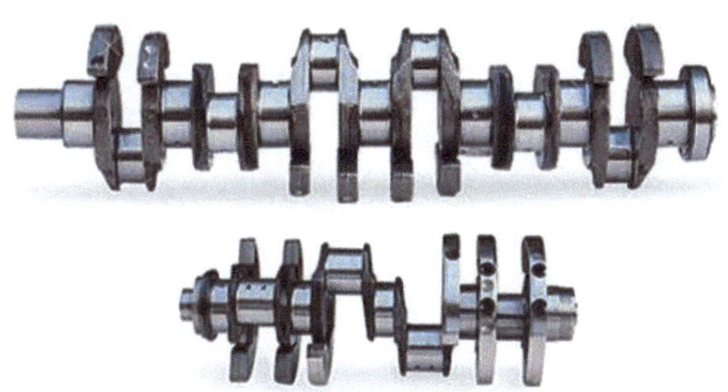

曲轴是发动机中最重要的部件，它承受连杆传来的力，并将其转变为转矩输出并驱动发动机上其他附件工作。曲轴受到旋转质量的离心力、周期变化的气体惯性力和往复惯性力的共同作用，承受弯曲扭转载荷的作用。因此，要求曲轴有足够的强度和刚度，轴颈表面应耐磨、工作均匀、平衡性好。

（2）发动机曲轴连杆组由哪些部件组成？

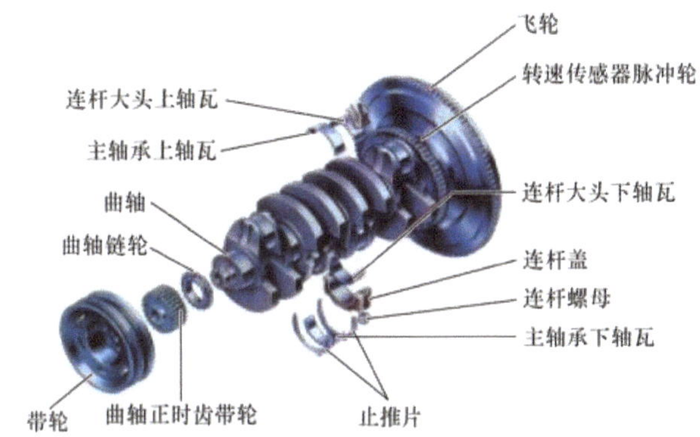

曲轴连杆组主要由曲轴、带轮、飞轮、曲轴正时齿带轮等组成。

（3）曲轴实际安装在什么位置？

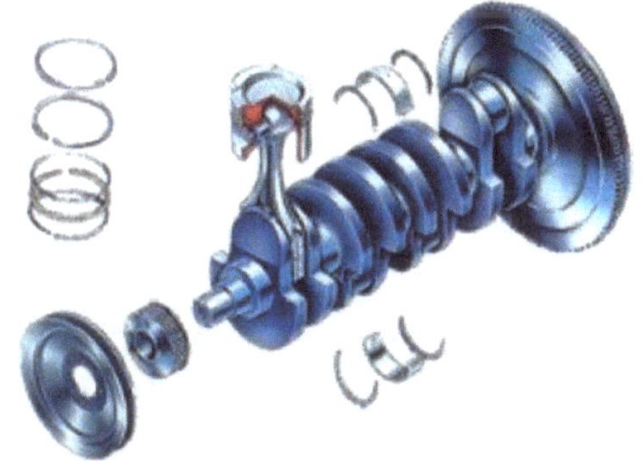

找到曲轴实际安装位置。

5. 任务深入

（1）轴承盖检修

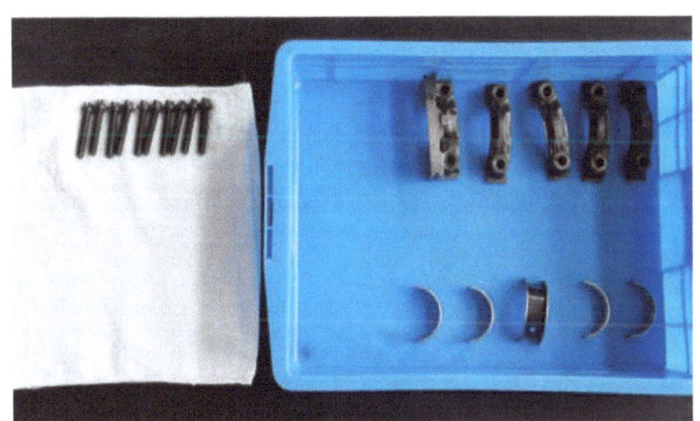

□ 用软布擦拭轴承盖螺栓表面灰尘，检查有无破损、螺栓上螺纹有无损坏

□ 用吸油纸清洁各轴承盖、各轴瓦，注意摆放顺序

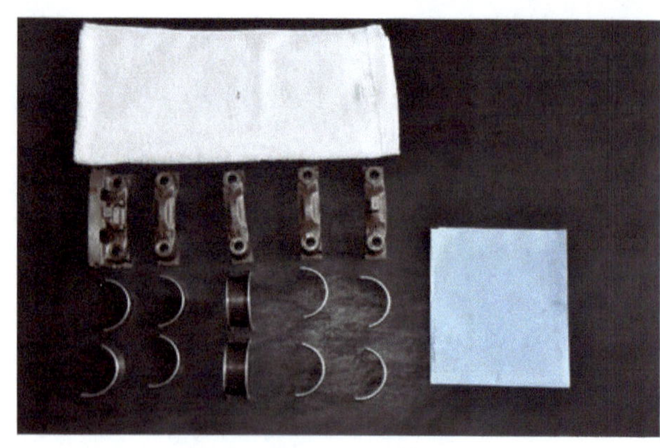

□ 用软布擦拭各轴瓦的正反两面，去除油污，并检查有无烧蚀、裂纹等

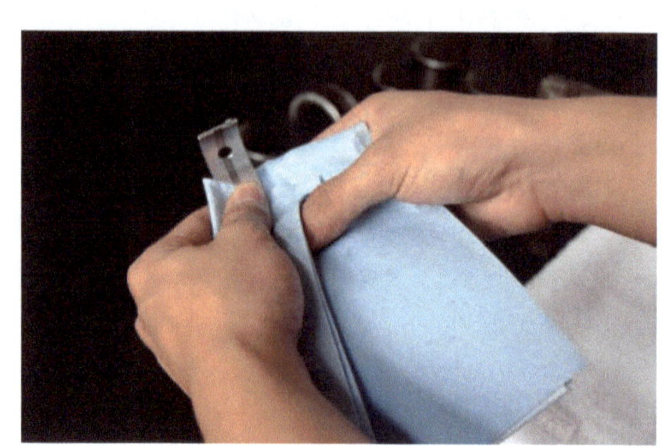

□ 用软布擦拭各轴承盖，去除油污，并检查有无烧蚀、裂纹等

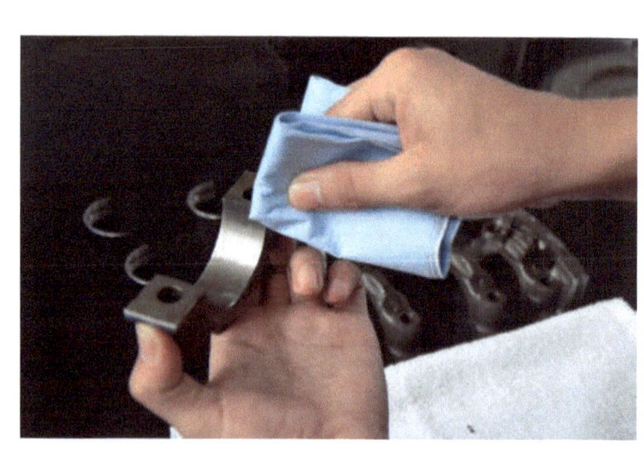

□ 检查轴承盖与轴瓦两者间的安装情况，有无松动、卡滞

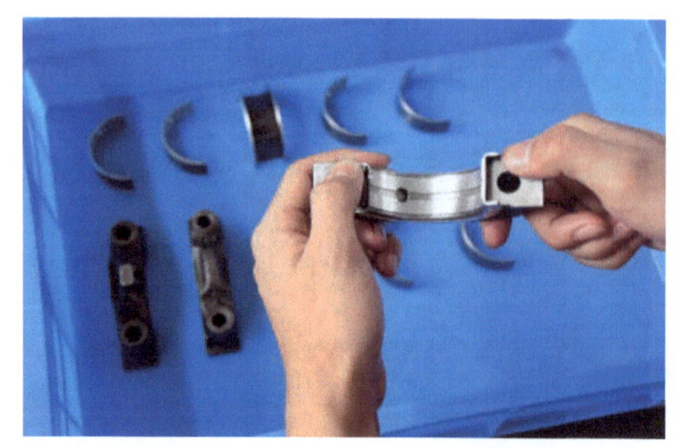

□ 用吸油纸清洁曲轴，去除其表面油污，检查有无破损、烧蚀

检修结果：________________

____

采取措施：________

____

（2）曲轴径向间隙检查

□ 用吸油纸清洁气缸体
□ 用高压气枪清洁机油各通道和螺栓孔
□ 利用机油枪在轴瓦上涂抹少许机油，依次安装各个轴瓦

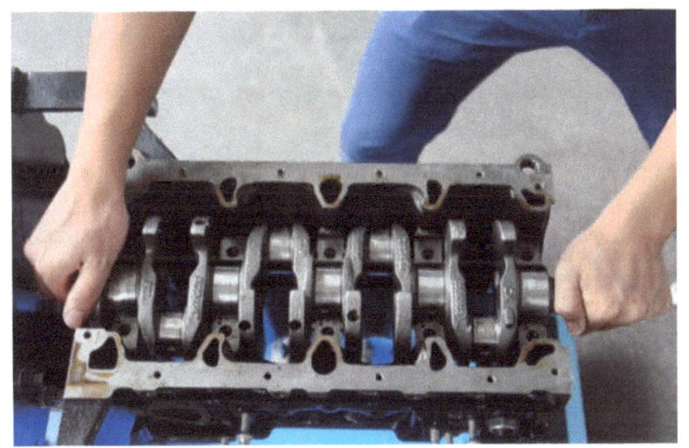

□ 安装曲轴至规定位置

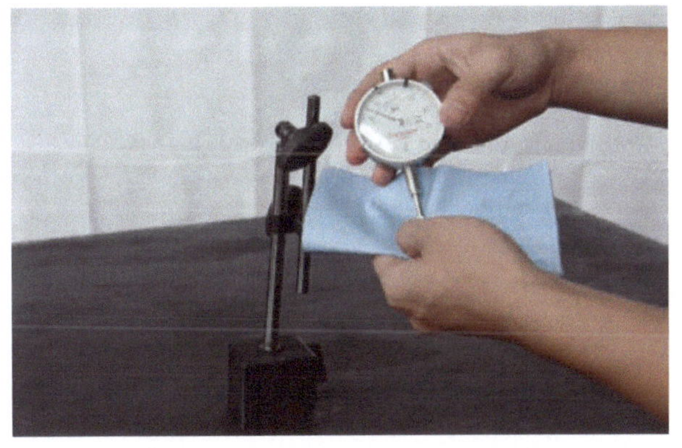

□ 用软布擦拭百分表表头与接杆，去除灰尘，检查百分表有无损坏；将百分表安装在磁性表座上

□ 组装百分表，将磁性表座安装至曲轴上方
□ 将百分表测头顶住曲轴轴承颈上，并进行校零调节
□ 均匀转动曲轴，并读取其跳动量。最大允许径向间隙为0.03mm

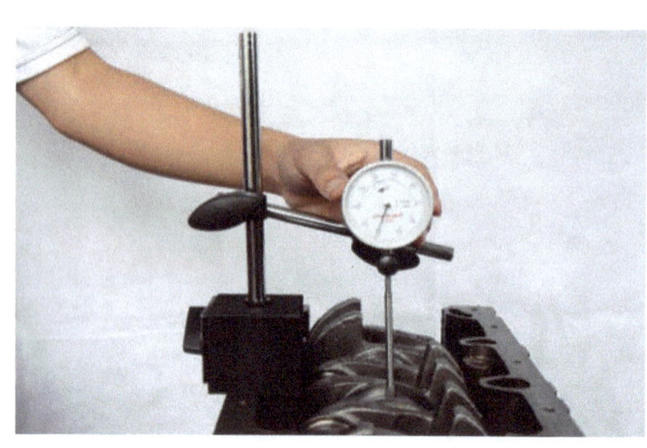

测量值：______________________
____
采取措施：____________________
____

（3）曲轴轴承间隙检查

□ 取出塑料塞尺、钢直尺、测量尺
□ 取塑料塞尺的长度与曲轴轴颈的长度保持一致

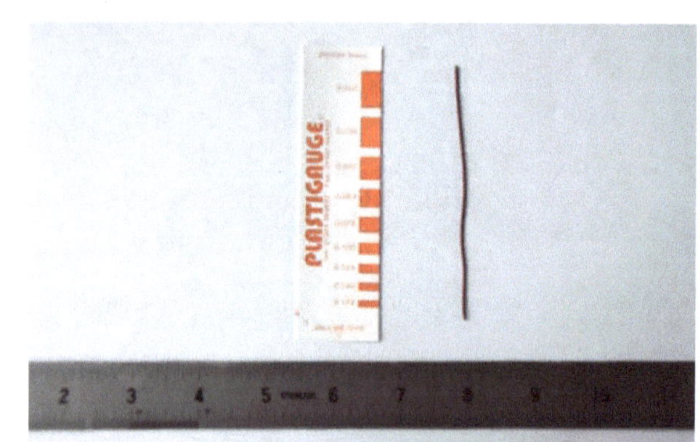

□ 将塑料塞尺放至每个曲轴轴颈上，要求远离曲轴轴颈上的机油孔

□ 依次安装轴承盖
□ 使用橡胶锤轻轻敲击各轴承盖，使其安装到位
□ 用手将各个曲轴螺栓旋转4～5圈，便于后续安装

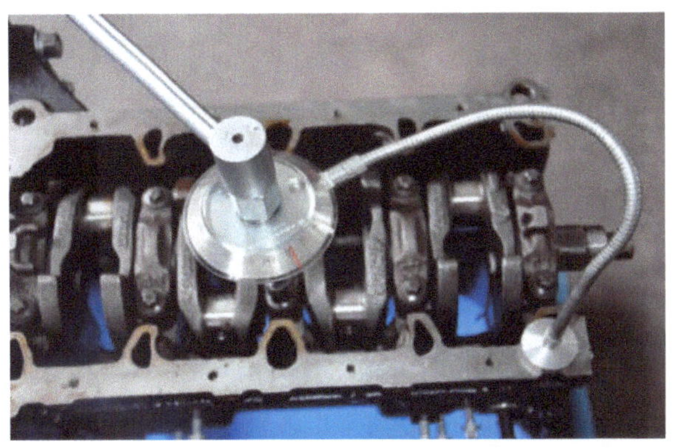

☐ 利用 EN-45059 传感器组件按“先中间，后两边”紧固各轴承盖螺栓，分三次拧紧：第一次紧固至 50N · m；第二次再拧转 45°；第三次再拧转 15°

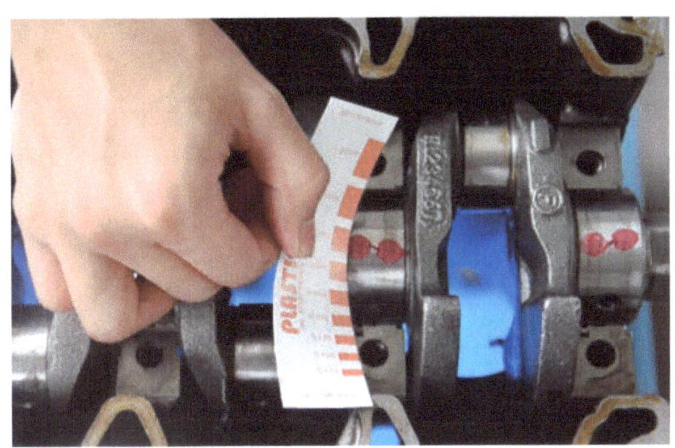

☐ 拆下曲轴轴承盖螺栓，依次取下轴承盖

☐ 对照塑料塞尺压痕的厚度，利用测量尺进行对比

☐ 允许曲轴轴承间隙为 0.005 ~ 0.059mm

测量值：________________________

____

采取措施：______________________

____

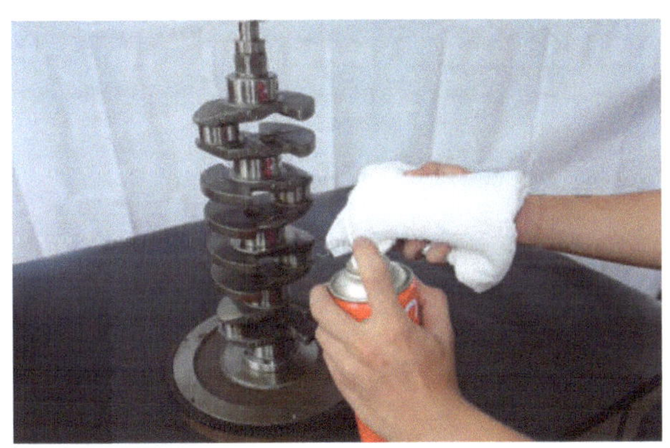

☐ 用清洗剂清洁曲轴上残留的塑料塞尺

（4）曲轴轴承直径检查

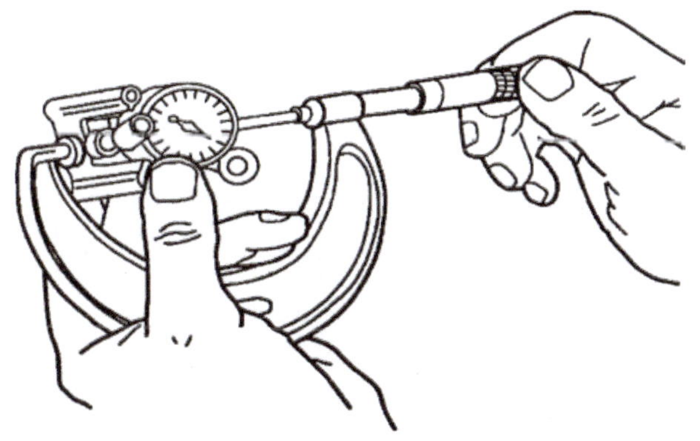

☐ 装复曲轴轴承盖，分三次紧固曲轴轴承盖螺栓：第一次紧固至 50N · m；第二次再拧转 45°；第三次再拧转 15°

☐ 用千分尺测量轴承直径

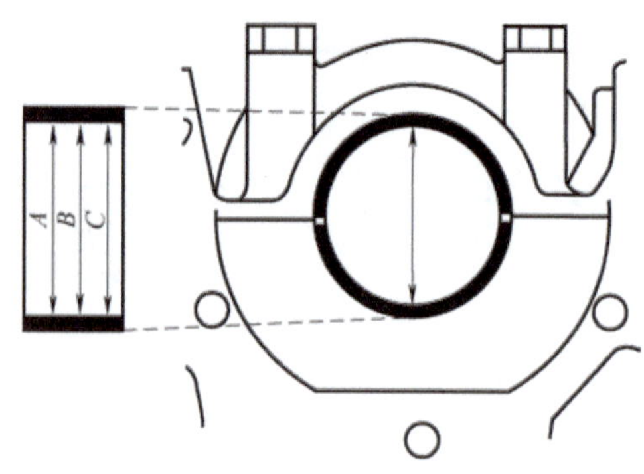

□ 选取三处测量曲轴轴承直径
□ 计算曲轴轴承的平均直径：(A+B+C)/3

测量值：______________

____

采取措施：______________

____

（5）曲轴轴承轴颈直径检查

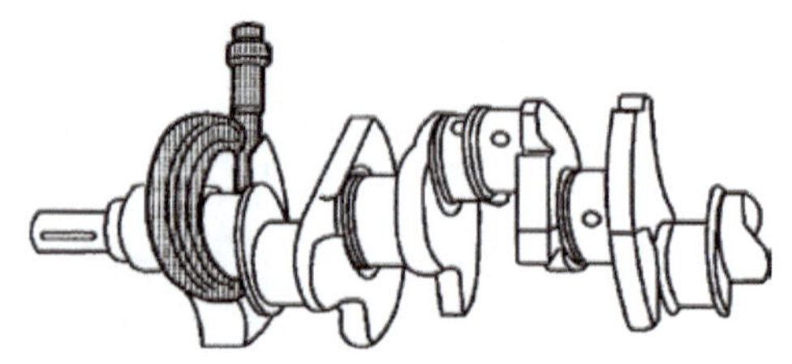

□ 用千分尺测量曲轴各轴颈的直径，读取数值

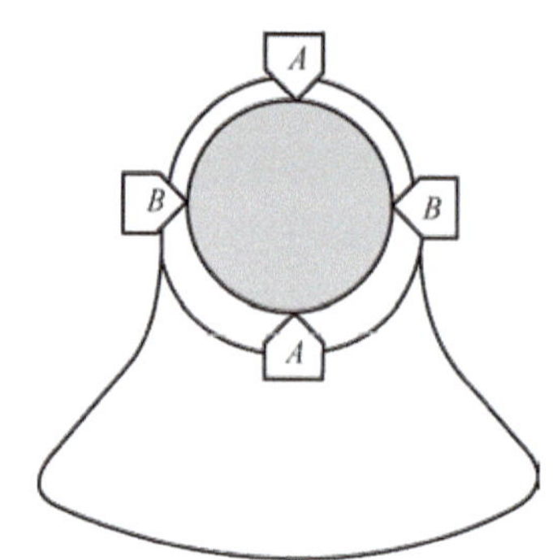

□ 选取两处测量曲轴轴承轴颈直径
□ 计算曲轴轴承轴颈的平均直径：(A+B)/2
□ 标准范围：54.980～54.997mm

测量值：______________

____

采取措施：______________

____

6. 任务突出

（1）曲轴安装

□ 使用机油枪在曲轴轴瓦上涂抹少许机油
□ 装复各个轴瓦，注意安装标记
□ 装复曲轴

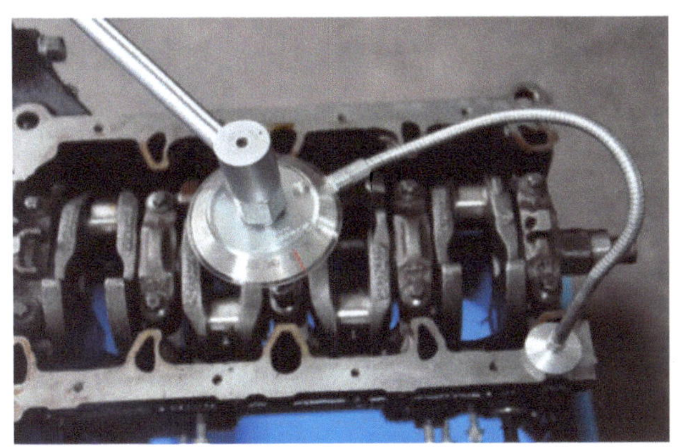

□ 使用 EN-45059 传感器组件按“先中间，后两边”紧固各轴承盖螺栓，分三次拧紧：第一次紧固至 50N·m；第二次再拧转 45°；第三次再拧转 15°

（2）工位整理

1）工具整理

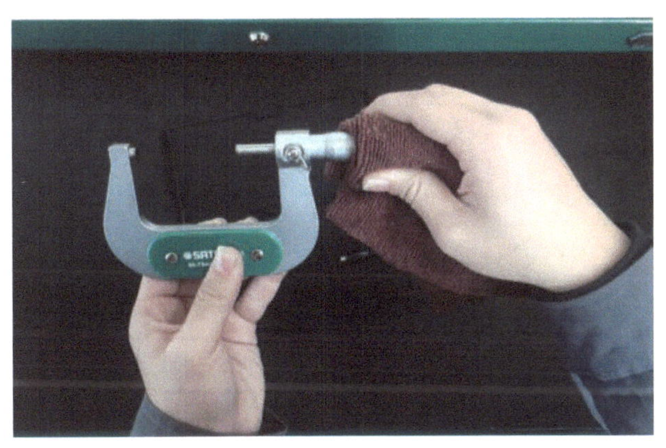

□ 整理所使用的工具、量具、实训设备，用软布擦拭工量具表面脏尘，做好工量具与相关设备的维护工作

2）工位清洁

□ 清洁实训工位，清除工位上的油污、废料、尘土，保持台架干净、整洁

7. 任务评价

认真填写实训项目工单。

实训项目工单

<table>
<tr><td>姓名</td><td></td><td>车型名称</td><td></td><td>发动机型号</td><td></td></tr>
<tr><td>完成时间</td><td colspan="3"></td><td>成绩</td><td></td></tr>
<tr><td>项目名称</td><td colspan="5">发动机曲轴检修</td></tr>
<tr><td>项目重难点</td><td colspan="5">1. 掌握汽车发动机曲轴的主要检修内容。
2. 能正确、规范地完成汽车曲轴的检修操作流程。</td></tr>
<tr><td colspan="6">任务准备</td></tr>
<tr><td>必要的理论知识要点</td><td colspan="5">1. 概述汽车发动机曲轴的功用。
______
______
2. 列出曲轴连杆组的组成部件，并找出各部件的实际安装位置。
______
______</td></tr>
<tr><td>所涉及的实训工具</td><td colspan="5"></td></tr>
<tr><td colspan="6">任务反馈</td></tr>
<tr><td rowspan="13">分项检查操作情况</td><td>检查项目</td><td colspan="2">正常打√，异常打×</td><td colspan="2">异常原因分析（主要）</td></tr>
<tr><td>步骤 1</td><td colspan="2">□ 前期基本检查到位</td><td colspan="2">关键部位检查存在缺失</td></tr>
<tr><td>步骤 2</td><td colspan="2">□ 能正确选用工具</td><td colspan="2">工具选用错误</td></tr>
<tr><td>步骤 3</td><td colspan="2">□ 能规范地完成曲轴轴向间隙检查</td><td colspan="2">检查操作不规范</td></tr>
<tr><td>步骤 4</td><td colspan="2">□ 能规范地拆卸轴承盖</td><td colspan="2">拆装操作不规范</td></tr>
<tr><td>步骤 5</td><td colspan="2">□ 能正确完成曲轴拆卸</td><td colspan="2">操作不规范，存有安全隐患</td></tr>
<tr><td>步骤 6</td><td colspan="2">□ 能规范地完成轴承盖检修</td><td colspan="2">操作不规范</td></tr>
<tr><td>步骤 7</td><td colspan="2">□ 能规范地完成曲轴径向间隙检查</td><td colspan="2">检查项目不全面，存在缺失</td></tr>
<tr><td>步骤 8</td><td colspan="2">□ 能规范地完成曲轴轴承间隙检查</td><td colspan="2">检查项目不全面，存在缺失</td></tr>
<tr><td>步骤 9</td><td colspan="2">□ 能规范地完成曲轴轴承直径检查</td><td colspan="2">检查项目不全面，存在缺失</td></tr>
<tr><td>步骤 10</td><td colspan="2">□ 能规范地完成曲轴轴颈直径检查</td><td colspan="2">检查项目不全面，存在缺失</td></tr>
<tr><td>步骤 11</td><td colspan="2">□ 能规范地完成曲轴安装</td><td colspan="2">拆装操作不规范</td></tr>
<tr><td>步骤 12</td><td colspan="2">□ 各拆装工具能正确使用</td><td colspan="2">操作方法错误</td></tr>
<tr><td>归纳该项目操作要点</td><td colspan="5">在进行曲轴检修操作时，应检查哪些项目？（写出 3 条以上）
______
______</td></tr>
</table>

（续）

<table>
<tr><th colspan="5">任务评价</th></tr>
<tr><td rowspan="5">学生自我评价
（40%）</td><td>项目</td><td>得分</td><td>项目</td><td>得分</td></tr>
<tr><td>A：任务实施 10 分</td><td></td><td>B：课堂纪律 10 分</td><td></td></tr>
<tr><td>C：质量反馈 5 分</td><td></td><td>D：小组协作 5 分</td><td></td></tr>
<tr><td>E：安全操作 5 分</td><td></td><td>F：7S 应用 5 分</td><td></td></tr>
<tr><td colspan="4">您认为该改善的项目是________________　　您的得分：________</td></tr>
<tr><td>小组评价
（20%）</td><td colspan="4">□ 优秀（计 20 分）　□ 良好（计 15 分）
□ 及格（计 10 分）　□ 不合格（计 0 分）　　您的得分：________</td></tr>
<tr><td>实训小结
（20%）
（学生填写）</td><td colspan="4">（说说自身的收获）　　您的得分：________</td></tr>
<tr><td>教师点评
（20%）</td><td colspan="4">（对你的课堂表现）　　您的得分：________</td></tr>
<tr><td>总分</td><td colspan="4"></td></tr>
<tr><td>你知道吗？</td><td colspan="4">在日常汽车维修过程中，汽车发动机曲轴故障往往会造成汽车难起动、汽车怠速抖动、汽车加速无力三大现象。在整个汽车修理作业中，曲轴的检修占到 3%～4%，是汽车维修技师岗位必备的一项技能。因此，掌握发动机曲轴的检修流程（即曲轴检测技术与部件拆装技能），能为我们以后更好地胜任汽车维修岗位（汽车机修工、汽车电工等岗位）打下坚实的基础。</td></tr>
</table>

拓展迁移

1. 模拟相似故障，根据所学知识排除大众帕萨特轿车发动机曲轴的故障。

2. 结合实车，观察上海通用雪佛兰科鲁兹轿车的发动机曲轴与大众帕萨特轿车的发动机曲轴有什么不同之处（**提示：可以从部件安装位置、控制过程等方面来思考**）。

机油泵检修

学习目标

1. 能说出汽车发动机机油泵的作用、部件组成及实际安装位置。
2. 能正确地记录汽车发动机机油泵的主要检修内容及要点。
3. 能规范地完成汽车发动机机油泵的检修操作。
4. 能自觉养成 7S 自主管理的行为习惯。

任务实施操作视频

项目导读

机油泵检修是汽车发动机检修的典型项目之一。机油泵的损坏形式主要有齿轮磨损过度、齿面开裂、啮合卡滞等，它会使汽车发动机润滑不良、磨损加剧。遇到此类问题时，作为汽车机修工，首先应对汽车机油泵的作用、工作过程等基础知识有一定的了解，并掌握一些维修工具的名称及使用方法，按照科学、合理的检修流程，完成检修工作。

学时建议

6 学时。其中，发动机机油泵检修的操作流程教学（即任务深入环节与任务突出环节）是重点，也是难点，4 学时。

资料收集

思考：汽车发动机机油泵有什么作用？安装在哪个位置？在检修过程中，需要哪些工具？

1. 认识微视频

微视频（又称视频分享类短片）是指个体通过计算机、手机、摄像头、DV、DC、MP4 等多种视频终端摄录、上传互联网而播放共享的短则 30s，长则 20min，内容广泛，形态多样的视频短片的统称。使用微视频既能激发学生的学习兴趣，又能帮助学生深刻理解课堂内容的重点难点，从而提高教学质量。

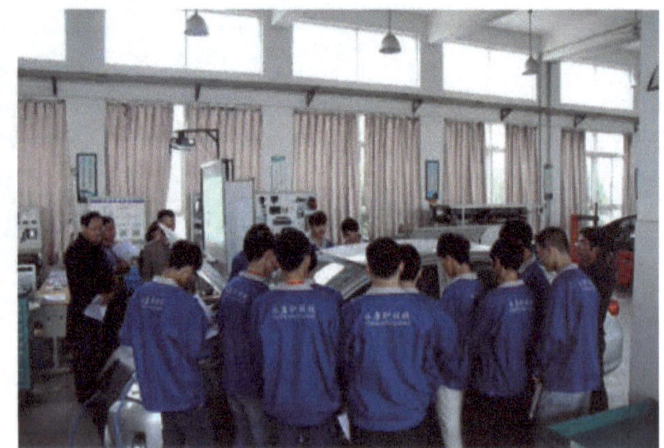

微视频运行界面与教学实践

你知道吗？说说以下工具的名称。

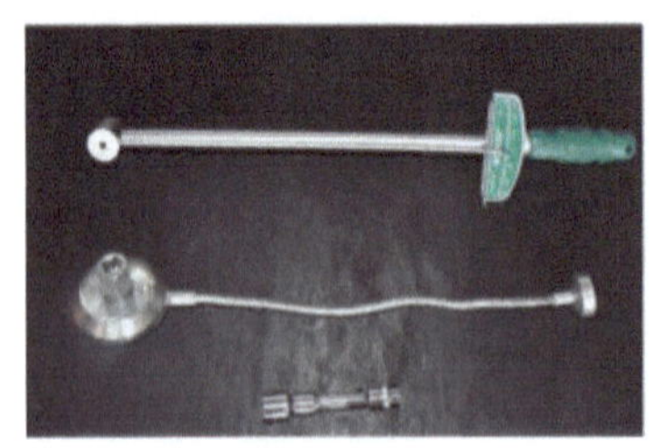

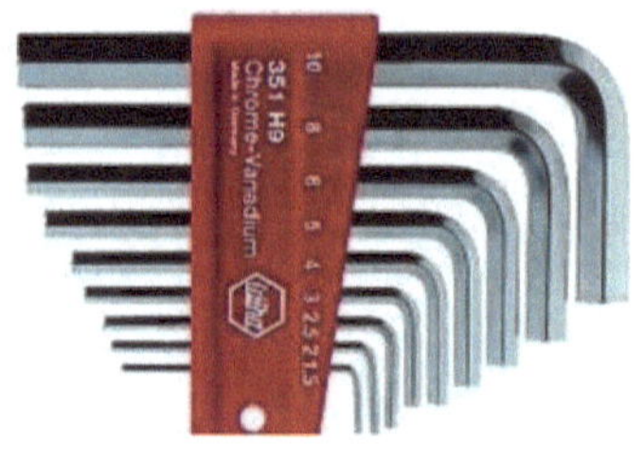

______________　______________　______________

2. 教学实施准备

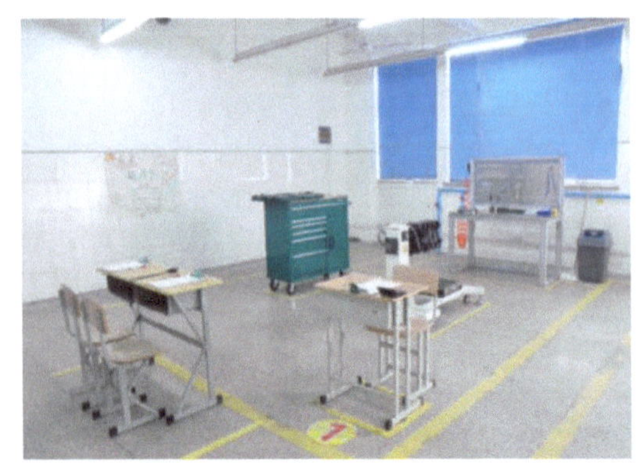

汽车发动机实训室布置图

7S 实训管理风采：分组教学，安全有序

活动展开

1. 问题情境

某车行驶里程 11.565 万 km，车主反映汽车起动机运转正常，发动机起动后，仪表盘内机油压力警告灯一直闪亮，你能帮助他解决吗？

试车后，发现汽车起动机正常运转，发动机能起动，仪表盘内机油压力警告灯一直闪亮，需要进一步检查。

导致汽车机油压力警告灯一直闪亮的原因有：

____

____

____

____

2. 任务准备

（1）信息登记

对照实训项目工单，记录维修车辆的基本信息。

（2）工具检查

检查与登记拆装所用工具，标注：

□ 缺失：________________

□ 损坏：________________

□ 失准：________________

（3）进入工位

进入工位，我们应该：

□ 穿戴好工作服

□ 操作安全自检

□ 准备所涉及的维修工量具

□ 工量具检查

□ 整理工量具

（待完成后，在相应方框内打√，以此类推）

3. 任务引入

（1）基本检查

□ 检查发动机台架固定情况，有无异常

□ 检查台架转动是否顺畅

（2）拆卸水泵

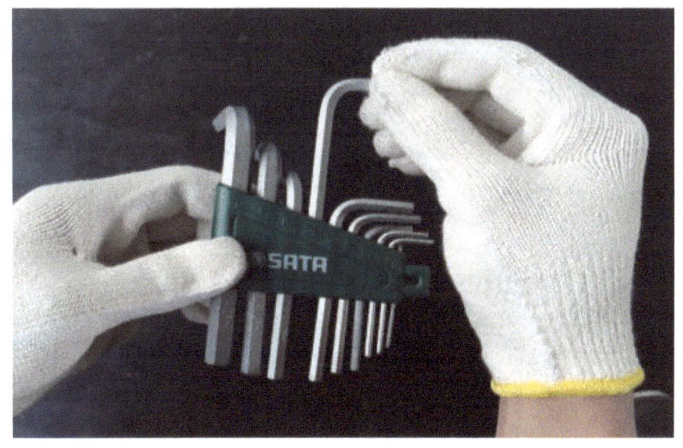

□ 从内六角扳手工具套中取出合适的内六角扳手

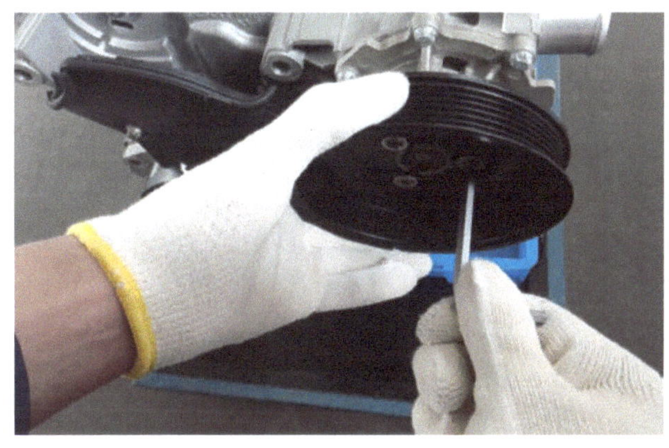

□ 利用内六角扳手依次拆下 3 个水泵带轮上的螺栓

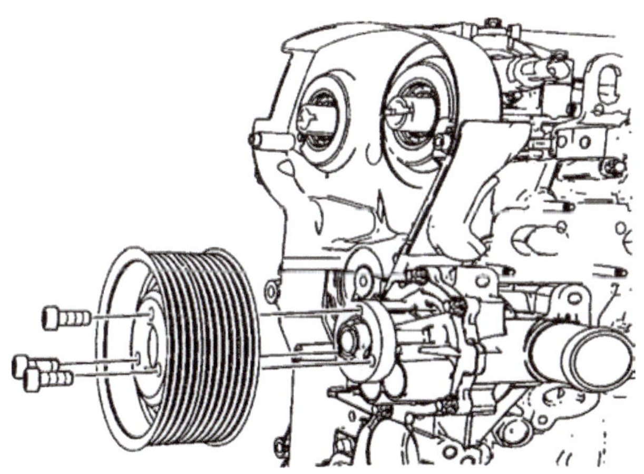

□ 取下水泵带轮上的螺栓，然后取下带轮

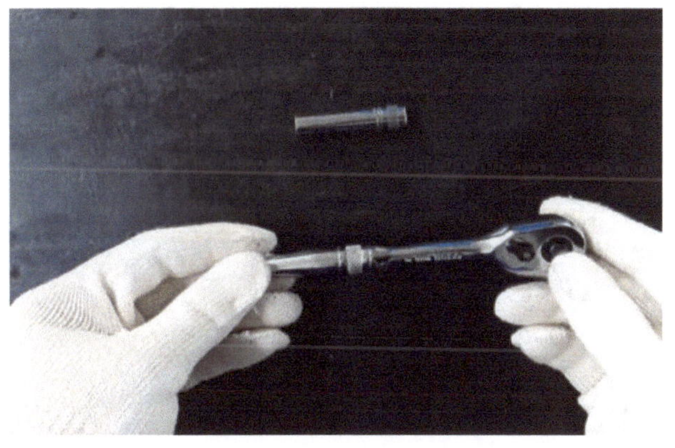

□ 选取 6.3mm 棘轮扳手、长套筒 E10，将其组合

□ 利用组合工具分 2 次拆下 5 个水泵螺栓，并取下水泵密封件

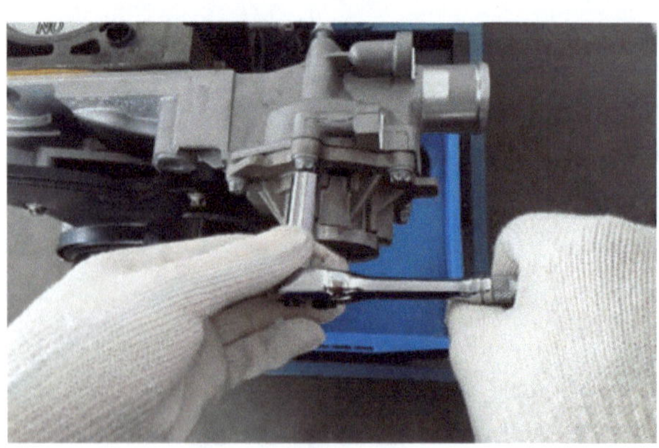

□ 取下水泵

（3）拆卸传动带张紧器

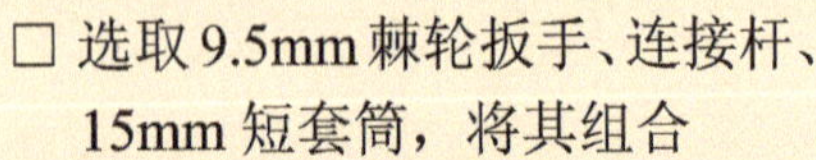

□ 选取 9.5mm 棘轮扳手、连接杆、15mm 短套筒，将其组合

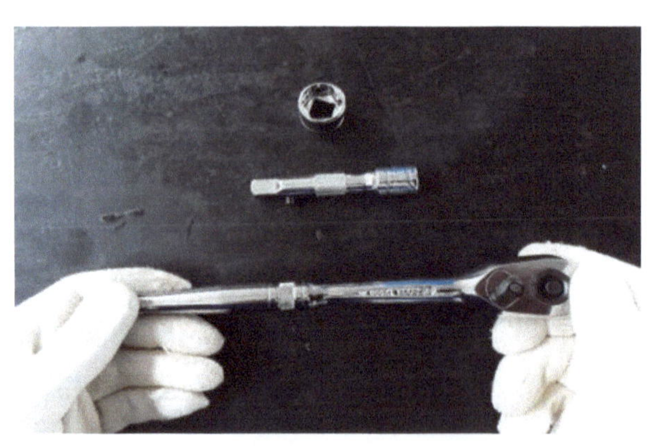

□ 利用组合工具拆下传动带张紧器上的螺栓，然后取下传动带张紧器

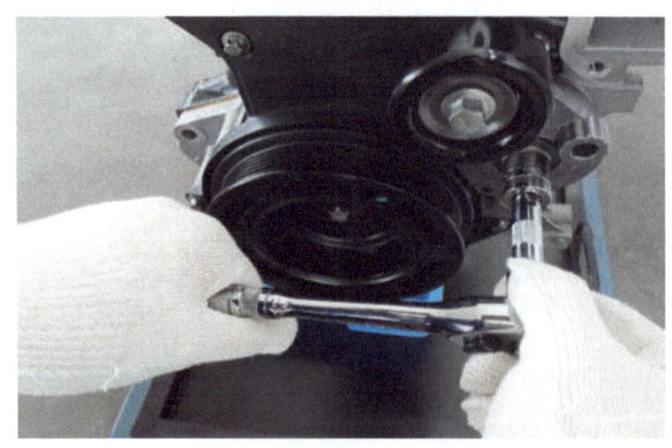

（4）拆卸曲轴平衡器

□ 将曲轴平衡器沿着发动机转动方向设置至“1 号气缸上止点”

□ 安装 EN-652 专用固定工具，通过起动机齿圈锁止飞轮

□ 选取指示式扭力扳手、短接杆、短套筒 E18，将其组合

□ 利用组合工具旋松曲轴平衡器螺栓，依次取下曲轴平衡器螺栓、曲轴平衡器垫圈、曲轴平衡器

（5）拆卸正时传动带前下盖

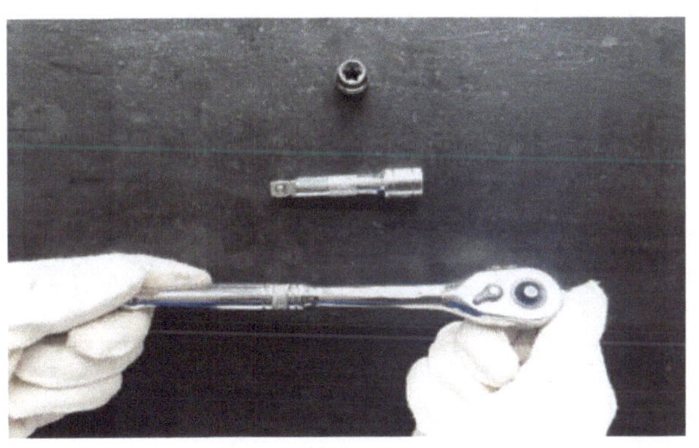

□ 选取 9.5mm 棘轮扳手、短接杆、短套筒 E10，将其组合

□ 利用组合工具，拆下正时传动带前下盖上的 4 个螺栓

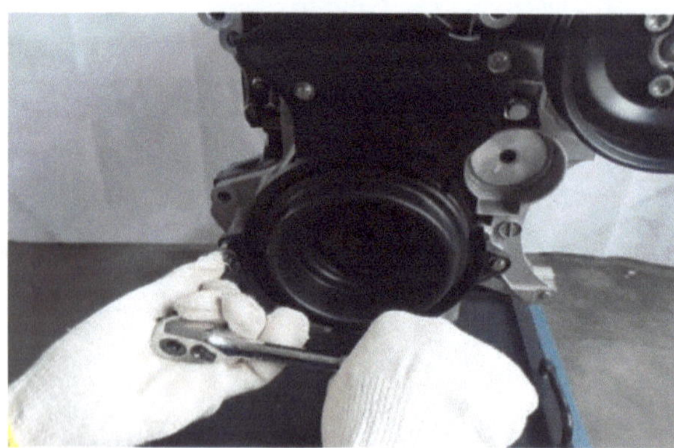

□ 取下正时传动带前下盖

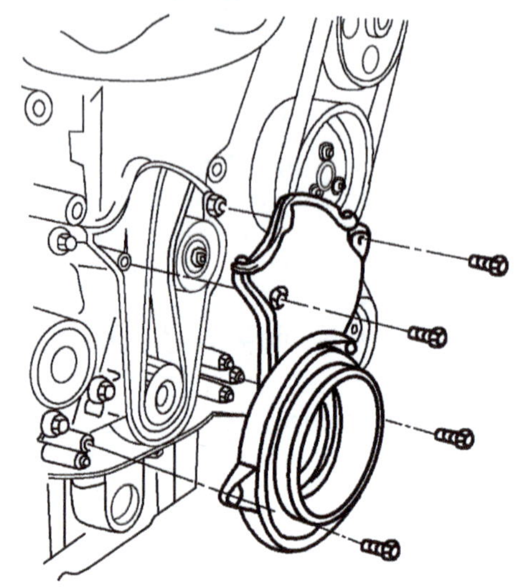

（6）拆卸油底壳

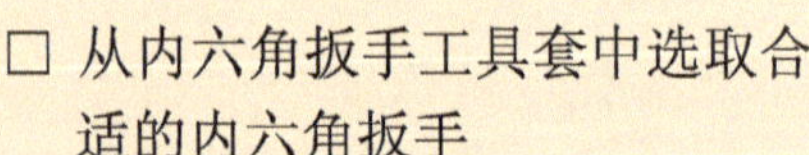

□ 从内六角扳手工具套中选取合适的内六角扳手

□ 利用内六角扳手，按对角方式依次旋松 15 个油底壳螺栓

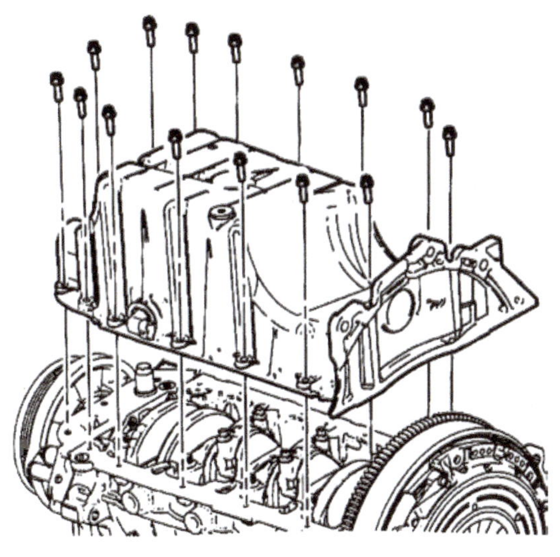

□ 依次取下油底壳螺栓与油底壳

（7）拆卸发动机前盖和机油泵

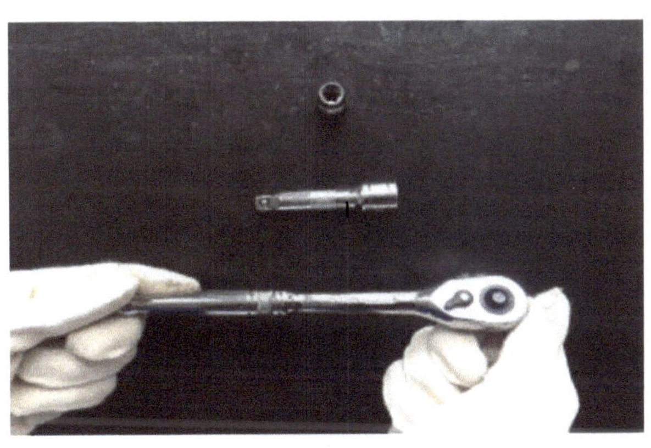

□ 选取 9.5mm 棘轮扳手、短接杆、12mm 短套筒，将其组合

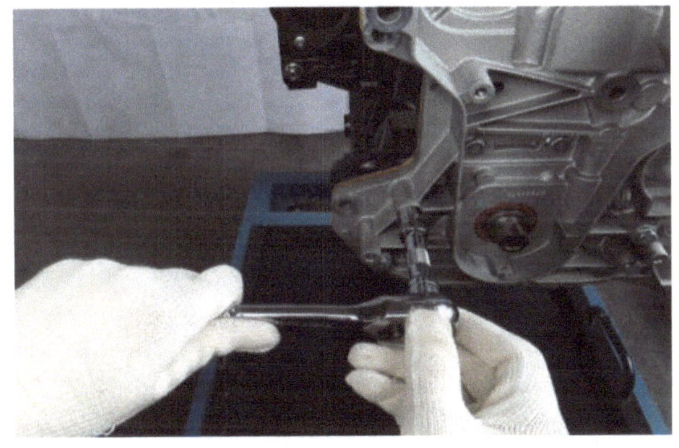

□ 利用组合工具，按对角方式依次拆下带机油泵的发动机前盖上的 8 个螺栓

□ 取下带机油泵的发动机前盖、衬垫

4. 遇到困惑

（1）发动机机油泵有什么作用？可以分为哪两类？

机油泵的作用是将机油提高到一定压力后，强制压送到发动机各零件的运动表面上。

机油泵按结构形式不同可以分为齿轮式和转子式两类。

齿轮式机油泵又分为内接齿轮式和外接齿轮式，一般把后者称为齿轮式机油泵。

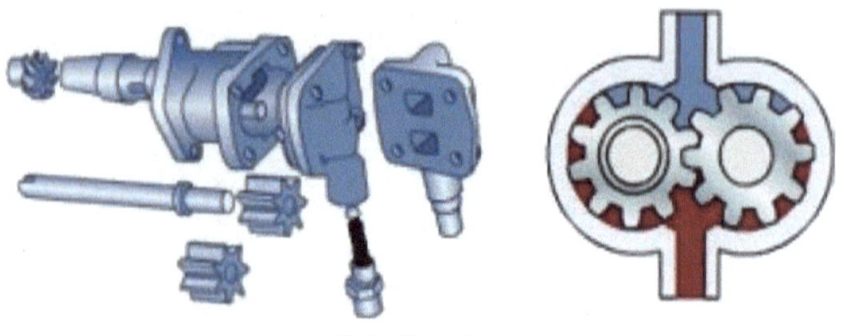

齿轮式机油泵

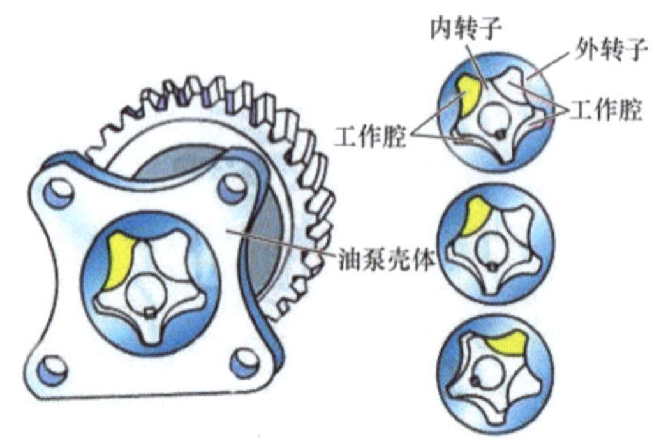

转子式机油泵

（2）发动机油底壳有什么作用？

油底壳是曲轴箱的下半部，又称为下曲轴箱。其作用是封闭曲轴箱作为储油槽的外壳，防止杂质进入，并收集和储存由发动机各摩擦表面流回的润滑油，散发部分热量，防止润滑油氧化。

油底壳多由薄钢板冲压而成，内部装有稳油挡板，以避免发动机颠簸时造成的油面震荡激溅，有利于润滑油杂质的沉淀，侧面装有油尺，用来检查油量。

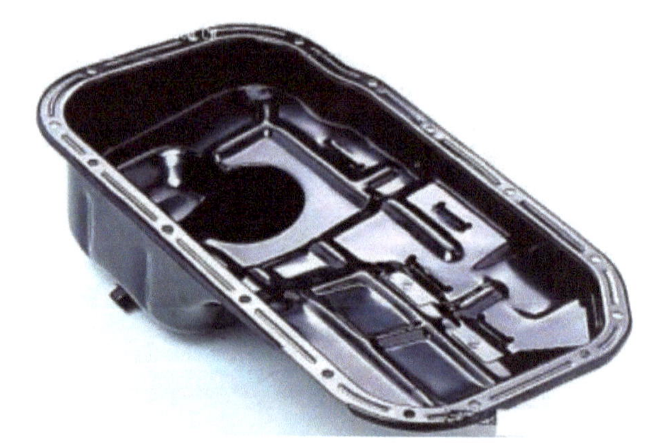

5. 任务深入

（1）检修油底壳

□ 利用内六角扳手拆下油底壳稳油挡板上的 2 个螺栓，取下油底壳稳油挡板

□ 清洁油底壳上的油泥和机油沉积

□ 检查油底壳是否因碰撞或飞石而导致开裂

□ 检查油底壳稳油挡板是否存有开裂

□ 检查机油泵滤网是否破损

□ 检查油底壳放油螺塞是否损坏

□ 检查油底壳放油螺塞密封件是否损坏

检修结果：________________

____

采取措施：________________

____

(2) 检修机油泵

□ 利用内六角扳手拆下机油泵上的 6 个螺栓

□ 目视检查转子、定子外观是否有破损、划痕，内部是否存有脏堵

□ 利用塞尺测量转子的轴向间隙，允许值为 0.02 ~ 0.058mm

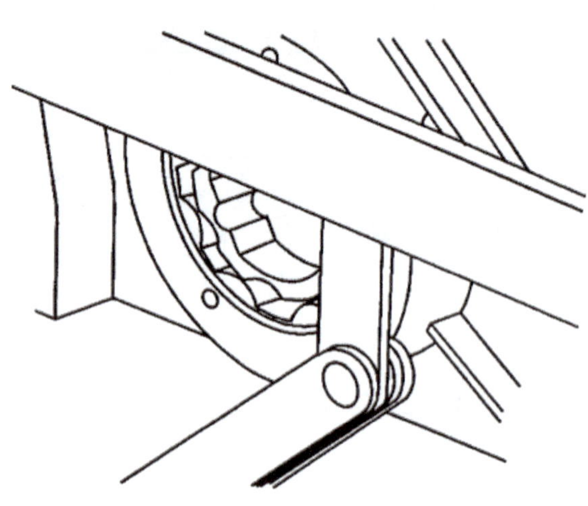

检修结果：________________

____

采取措施：________

____

6. 任务突出

（1）安装机油泵

□ 利用内六角扳手装复机油泵

□ 安装新的发动机盖衬垫

□ 选取预置式扭力扳手、12mm 长套筒，将其组合

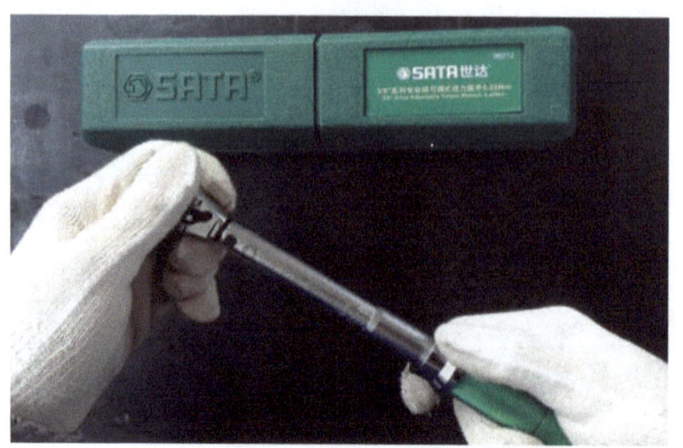

☐ 使用组合工具安装发动机盖上的 8 个螺栓，并紧固至 20N · m

（2）安装曲轴前油封

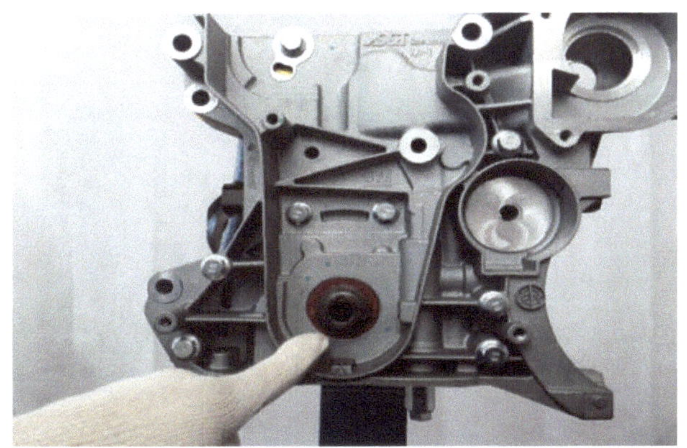

☐ 清洁密封面

☐ 选取 EN-6351 保护衬套并将其插入前油封

☐ 将 EN-6351 保护衬套滑到曲轴轴颈上，再将曲轴前油封滑过曲轴轴颈上的保护衬套

☐ 利用 EN-6351 保护衬套，将密封环压入泵壳体

☐ 使用曲轴传动齿轮的螺栓和垫圈压入曲轴前油封

（3）安装油底壳

☐ 用铲刀去除气缸体接合处（气缸体与油底壳之间连接处）表面杂质、油污

□ 在油底壳接合处涂抹密封胶，涂抹厚度约为 3.5mm

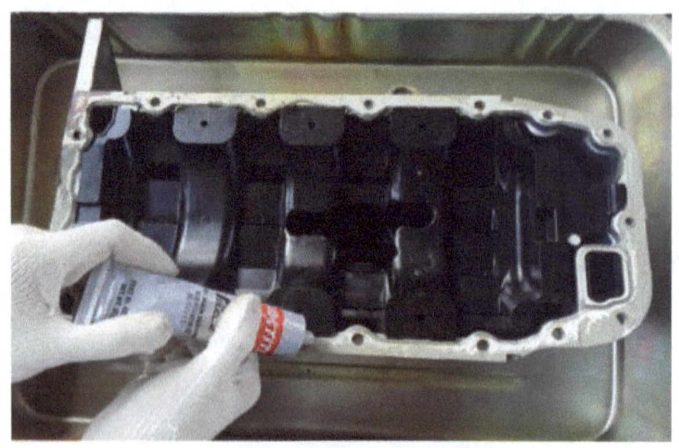

□ 在气缸体连接处（气缸体与油底壳连接处）涂抹密封胶

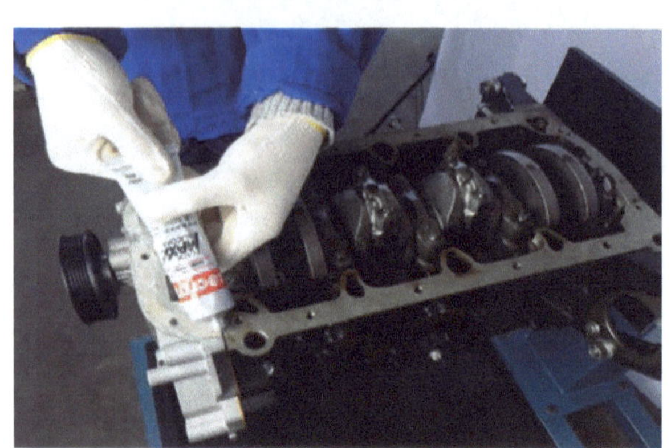

□ 在气缸体与前、后端盖之间连接处涂抹密封胶，涂抹厚度约为 3.5mm

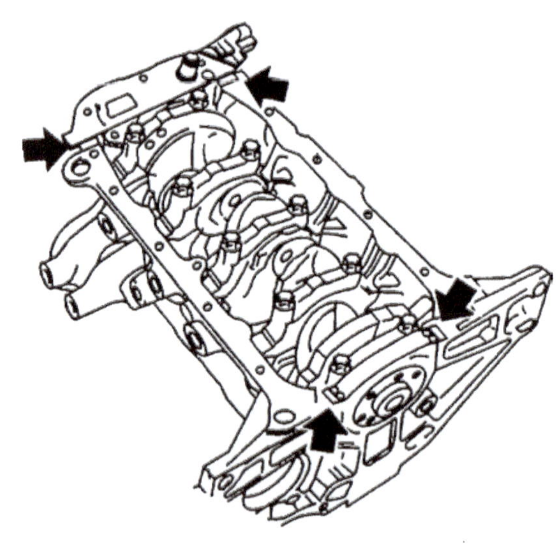

□ 选取预置式扭力扳手、内六角套筒，将其组合

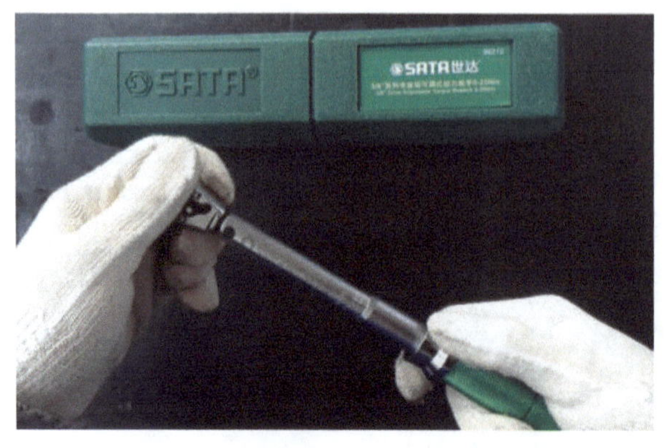

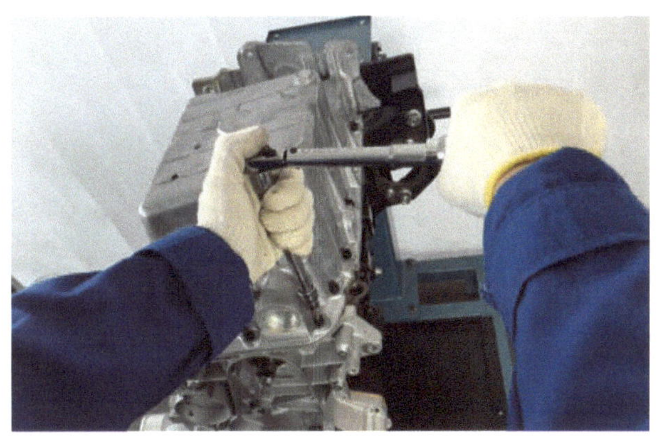

☐ 利用组合工具，将 15 个油底壳螺栓紧固至标准力矩值 10N·m

（4）安装水泵

☐ 清洁水泵密封面
☐ 清洁 5 个水泵螺栓
☐ 更换新的衬垫

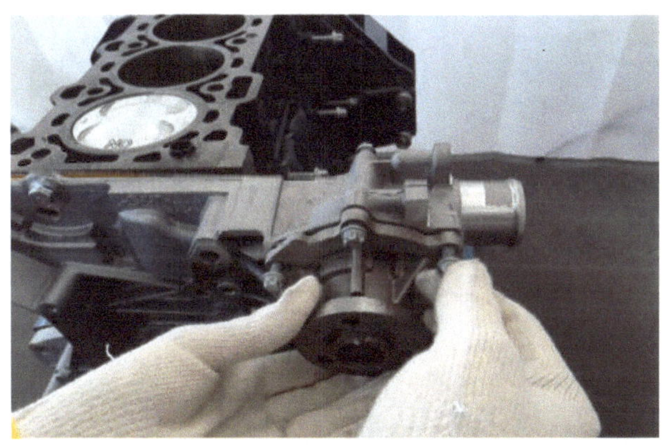

☐ 试装水泵及水泵上的 5 个螺栓

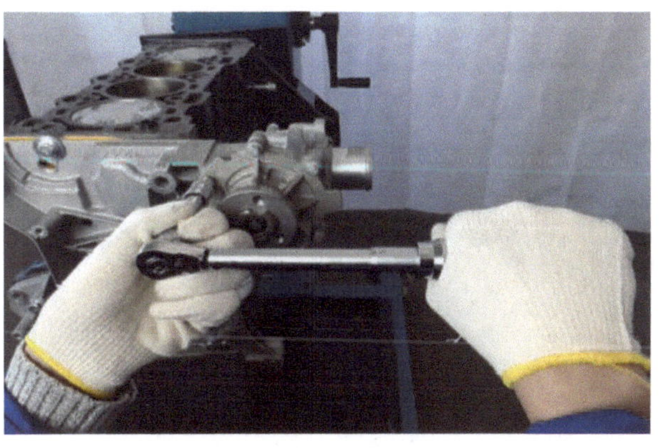

☐ 利用组合工具，将水泵上的 5 个螺栓紧固至标准力矩值 8N·m

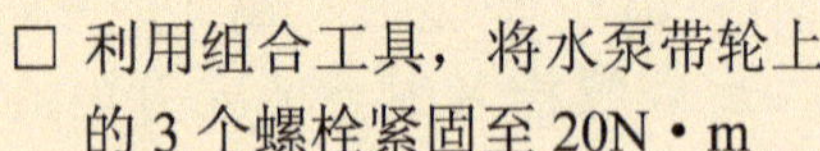

□ 利用组合工具，将水泵带轮上的 3 个螺栓紧固至 20N·m

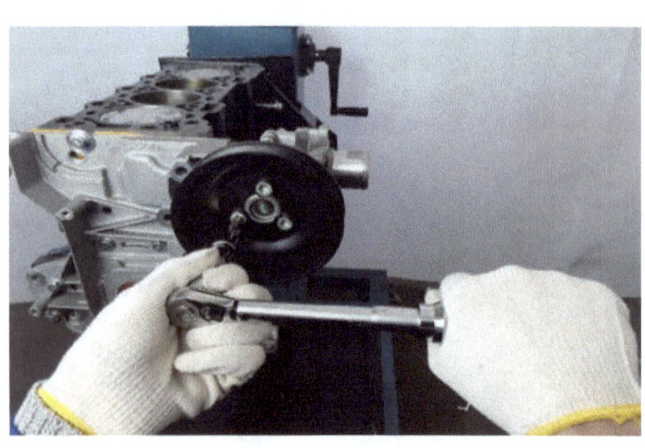

（5）安装曲轴链轮

□ 安装时，应注意凸轮和凹槽必须对齐

□ 检查发动机上止点位置

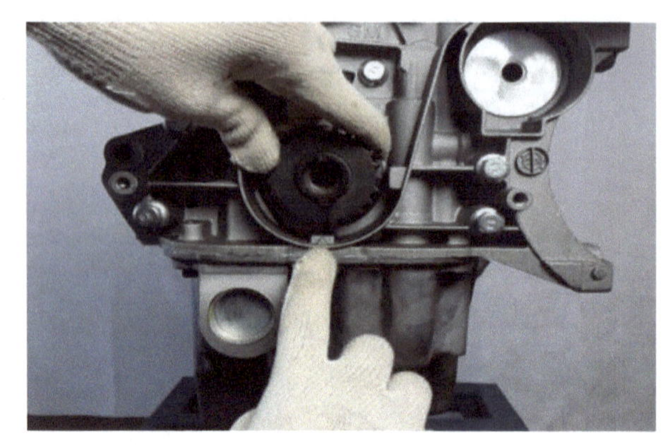

（6）安装正时传动带前下盖

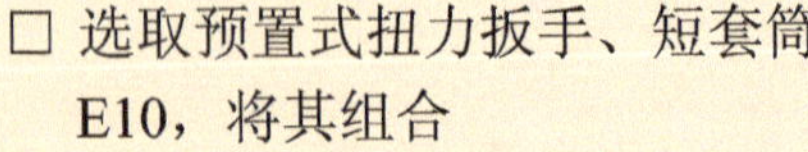

□ 选取预置式扭力扳手、短套筒 E10，将其组合

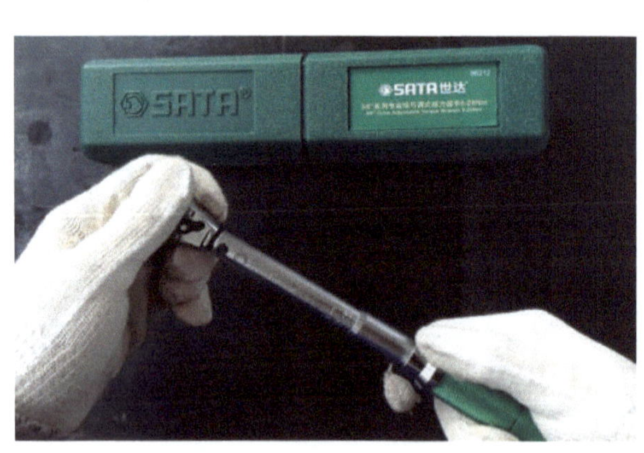

□ 安装正时带轮盖，利用组合工具将正时传动带前下盖的 4 个固定螺栓紧固至 6N·m

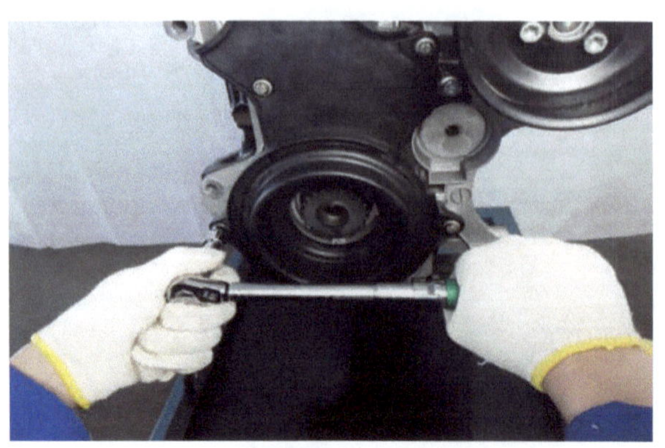

（7）安装曲轴平衡器

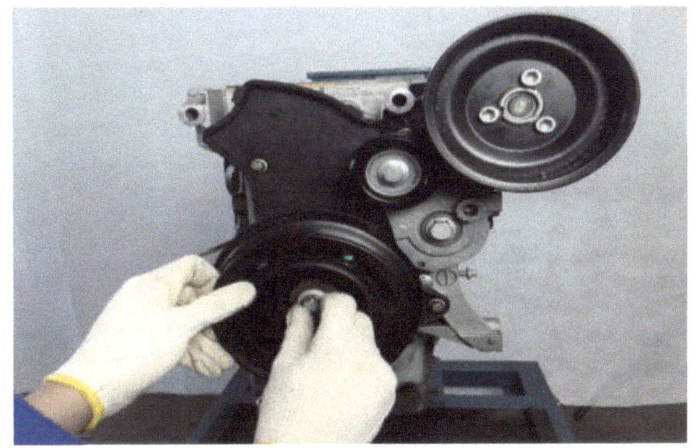

□ 试装曲轴平衡器与螺栓

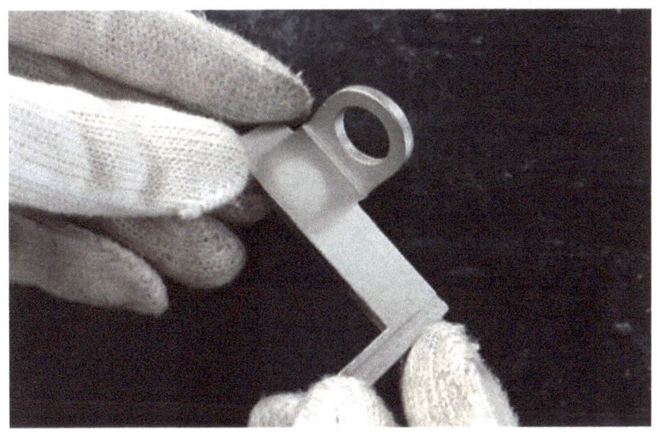

□ 选用 KN-6625 飞轮固定工具

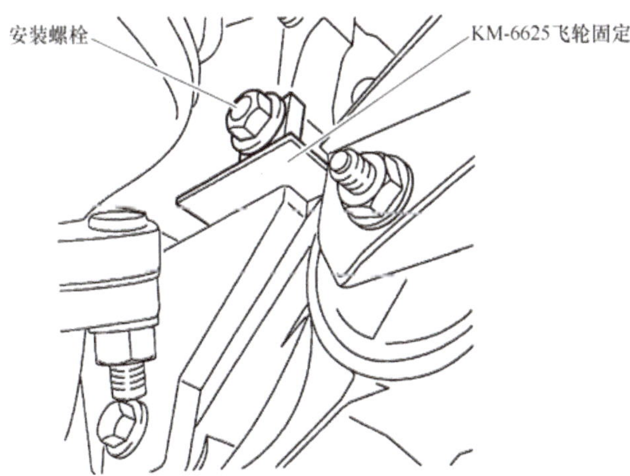

□ 安装 KN-6625 锁止装置以锁止曲轴

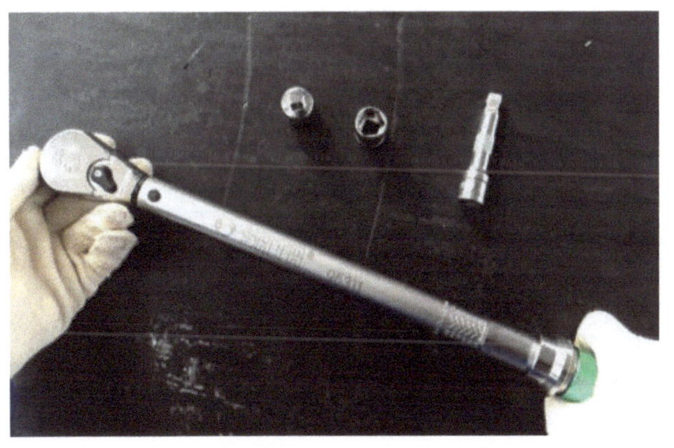

□ 选取预置式扭力扳手、短连杆、短套筒 E18，将其组合

□ 利用组合工具，分三次拧紧曲轴平衡器的螺栓：第一次紧固至 95N·m；第二次再拧转 45°；第三次再拧转 15°

（8）工位整理

1）工具整理

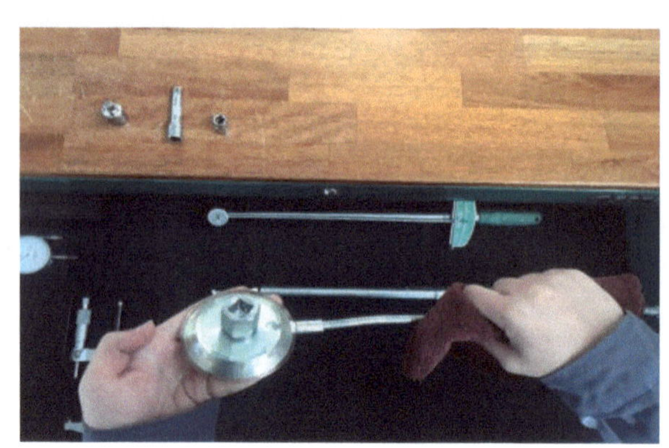

□ 整理所使用的工具、量具、实训设备，用软布擦拭工量具表面脏尘，做好工量具与相关设备的维护工作

2）工位清洁

□ 清洁实训工位，清除工位上的油污、废料、尘土，保持台架干净、整洁

3）场地清扫

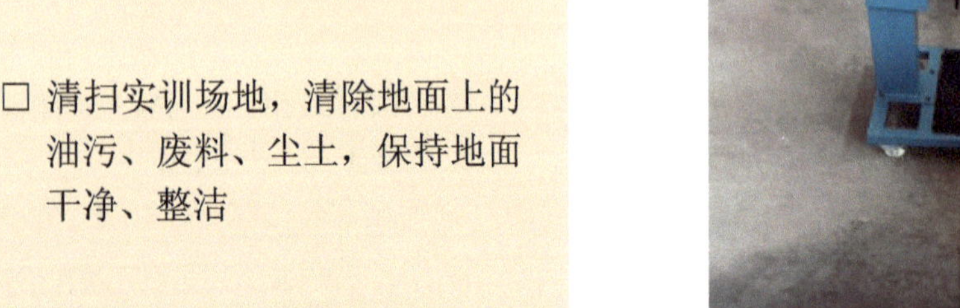

□ 清扫实训场地，清除地面上的油污、废料、尘土，保持地面干净、整洁

7. 任务评价

认真填写实训项目工单。

实训项目工单

<table>
<tr><td>姓　名</td><td></td><td>车型名称</td><td></td><td>发动机型号</td><td></td></tr>
<tr><td>完成时间</td><td colspan="3"></td><td>成绩</td><td></td></tr>
<tr><td>项目名称</td><td colspan="5">机油泵检修</td></tr>
<tr><td>项目重难点</td><td colspan="5">1. 掌握汽车机油泵的主要检修内容。
2. 能正确、规范地完成汽车机油泵的检修操作流程。</td></tr>
<tr><td colspan="6">任务准备</td></tr>
<tr><td>必要的理论知识要点</td><td colspan="5">1. 简述汽车机油泵的功用。
____
____
2. 列出汽车机油泵的组成部件，并找出各部件的实际安装位置。
____
____________________</td></tr>
<tr><td>所涉及的实训工具</td><td colspan="5"></td></tr>
<tr><td colspan="6">任务反馈</td></tr>
<tr><td rowspan="11">分项检查操作情况</td><td>检查项目</td><td colspan="2">正常打√，异常打×</td><td colspan="2">异常原因分析（主要）</td></tr>
<tr><td>步骤 1</td><td colspan="2">☐ 前期基本检查到位</td><td colspan="2">关键部位检查存在缺失</td></tr>
<tr><td>步骤 2</td><td colspan="2">☐ 能正确选用工具</td><td colspan="2">工具选用错误</td></tr>
<tr><td>步骤 3</td><td colspan="2">☐ 能规范地拆卸水泵</td><td colspan="2">操作不规范</td></tr>
<tr><td>步骤 4</td><td colspan="2">☐ 能规范地拆卸张紧器</td><td colspan="2">操作不规范</td></tr>
<tr><td>步骤 5</td><td colspan="2">☐ 能正确拆卸油底壳</td><td colspan="2">操作不规范，存有安全隐患</td></tr>
<tr><td>步骤 6</td><td colspan="2">☐ 能规范地拆卸机油泵</td><td colspan="2">操作不规范</td></tr>
<tr><td>步骤 7</td><td colspan="2">☐ 对油底壳检查规范，项目到位</td><td colspan="2">检修项目不全面，存在缺失</td></tr>
<tr><td>步骤 8</td><td colspan="2">☐ 对机油泵检查规范，项目到位</td><td colspan="2">检修项目不全面，存在缺失</td></tr>
<tr><td>步骤 9</td><td colspan="2">☐ 能正确安装机油泵</td><td colspan="2">安装顺序不正确或不得当</td></tr>
<tr><td>步骤 10</td><td colspan="2">☐ 各拆装工具能正确使用</td><td colspan="2">操作方法错误</td></tr>
<tr><td>归纳该项目操作要点</td><td colspan="5">在进行机油泵检修操作时，应检查哪些项目？（写出 3 条以上）
____
____________________</td></tr>
<tr><td colspan="6">任务评价</td></tr>
<tr><td rowspan="5">学生自我评价（40%）</td><td>项目</td><td>得分</td><td>项目</td><td colspan="2">得分</td></tr>
<tr><td>A：任务实施 10 分</td><td></td><td>B：课堂纪律 10 分</td><td colspan="2"></td></tr>
<tr><td>C：质量反馈 5 分</td><td></td><td>D：小组协作 5 分</td><td colspan="2"></td></tr>
<tr><td>E：安全操作 5 分</td><td></td><td>F：7S 应用 5 分</td><td colspan="2"></td></tr>
<tr><td colspan="5">认为该改善的项目是____________________　　　　您的得分：__________</td></tr>
</table>

（续）

小组评价（20%）	□ 优秀（计 20 分）　□ 良好（计 15 分） □ 及格（计 10 分）　□ 不合格（计 0 分）　　您的得分：________
实训小结（20%）（学生填写）	（说说自身的收获）　　您的得分：________ ________________ ________________
教师点评（20%）	（对你的课堂表现）　　您的得分：________ ________________ ________________
总分	
你知道吗？	在日常汽车维修过程中，汽车机油泵故障往往会造成发动机润滑不良、拉缸等现象，失去机油压力，警告灯会点亮，继续行驶会给发动机带来致命危害。 在整个汽车修理作业中，机油泵的检修作业占到 3% ～ 4%，是汽车维修岗位必备的一项技能。因此，掌握机油泵的检修流程（机油泵检修技术与机油泵拆装技能），能为我们以后更好地胜任汽车维修岗位（汽车机修工等岗位）打下坚实的基础。

拓展迁移

1. 模拟相似故障，根据所学知识排除大众帕萨特轿车机油泵的故障。

2. 结合实车，观察上海通用雪佛兰科鲁兹轿车的机油泵与大众帕萨特轿车的机油泵有什么不同之处**（提示：可以从部件安装位置、控制过程等方面来思考）**。

项目三 正时传动带检修

学习目标

1. 能说出汽车发动机正时传动带的作用、部件组成及实际安装位置。
2. 能正确地记录汽车发动机正时传动带的主要检修内容及要点。
3. 能规范地完成汽车发动机正时传动带的检修操作流程。
4. 能自觉养成 7S 自主管理的行为习惯。

任务实施操作视频

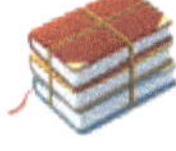

项目导读

正时传动带检修是汽车发动机检修的典型项目之一。正时传动带的损坏形式主要有断裂、局部挤压成块、拉伸过度、裂纹等，它会使汽车发动机产生故障，导致车辆异常抖动、无法起动。遇到此类问题时，作为汽车机修工，我们首先应对汽车正时传动带的作用、结构组成、工作过程等基础知识有一定的认识，并掌握一些维修工具的名称及使用方法，按照科学、合理的检修流程，完成检修工作。

学时建议

6 学时。其中，发动机正时传动带检修的操作流程教学（即任务深入环节与任务突出环节）是重点，也是难点，4 学时。

资料收集

思考：汽车发动机正时传动带有什么作用？安装在哪个位置？在检修过程中，需要哪些工具？

1. 借助专业资源库平台

根据“用户名与密码”，可以进入网站 (网址：http://wk.zjer.cn/)，运行专业资源库平台界面，选择“资源中心”模块，在“资源搜索”栏输入所要查询的知识，从中可以搜索到动画、视频、三维动画、虚拟实训、PPT 课件等方面知识。

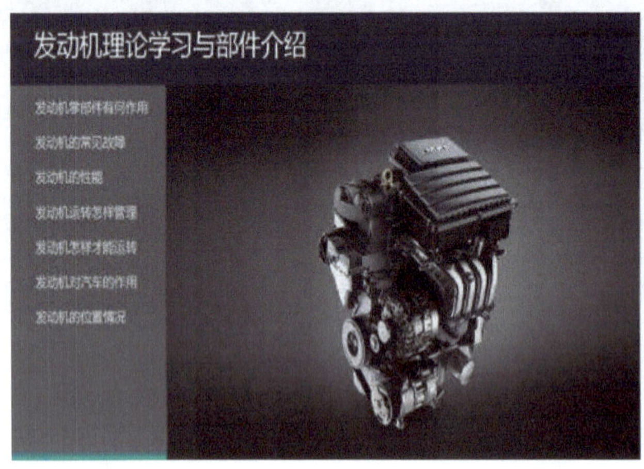

资源库平台运行界面

你知道吗？说说以下工具的名称。

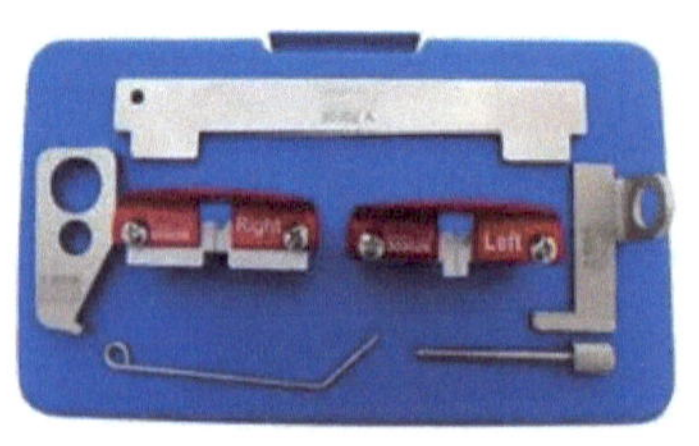

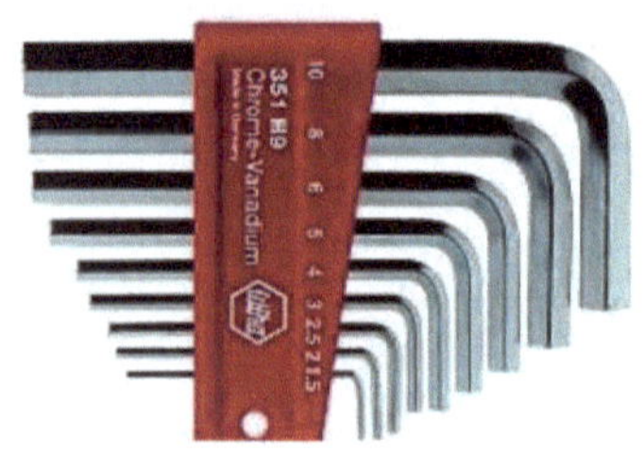

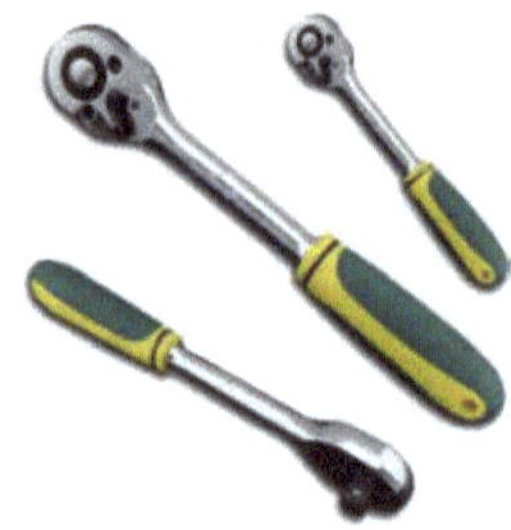

2. 教学实施准备

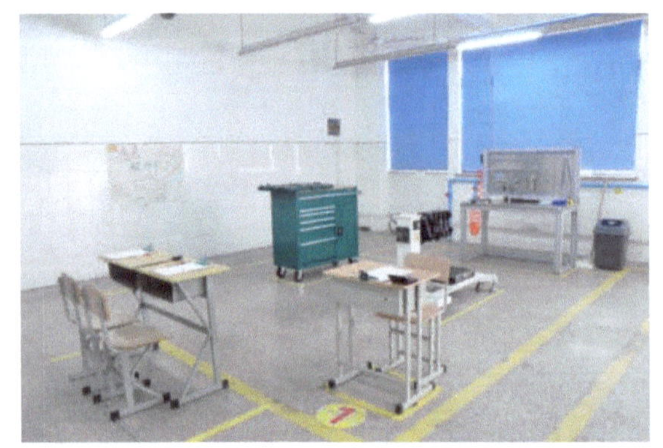

汽车发动机实训室布置图

7S 实训管理风采：立足实践

活动展开

1. 问题情境

某车行驶里程 20.565 万 km，车主反映汽车起动机运转正常，但发动机起动困难，抖动严重。

试车后，发现汽车起动机能正常运转，发动机能运转，但有明显异响、抖动现象，需要进一步检查。

导致汽车发动机抖动的原因有：

____

____

____

____

2. 任务准备

（1）信息登记

对照实训项目工单，记录维修车辆的基本信息。

（2）工具检查

检查与登记拆装所用工具，标注：

☐ 缺失：________________

☐ 损坏：________________

☐ 失准：________________

（3）进入工位

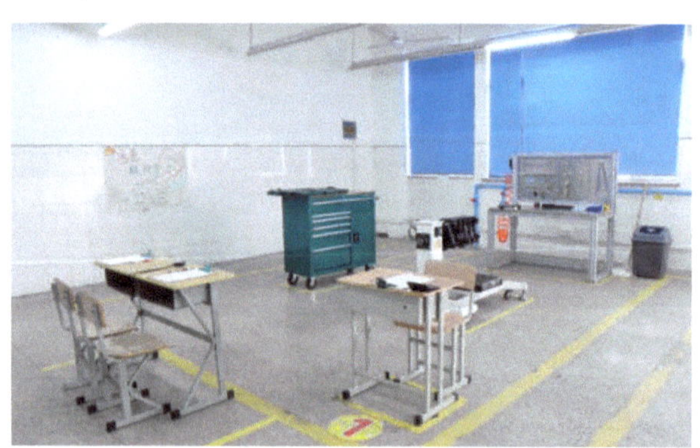

进入工位，我们应该：

☐ 穿戴好工作服

☐ 操作安全自检

☐ 准备所涉及的维修工量具

☐ 工量具检查

☐ 整理工量具

（待完成后，在相应方框内打√，以此类推）

3. 任务引入

（1）基本检查

☐ 检查发动机台架安全固定情况

☐ 检查台架转动是否顺畅

☐ 拆卸机油口盖

（2）拆卸凸轮轴盖

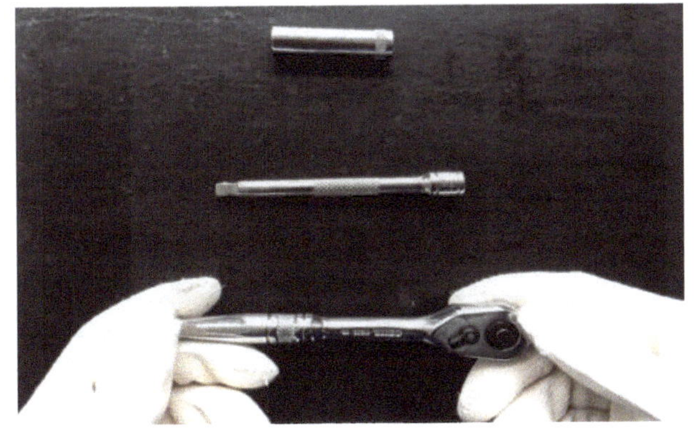

□ 选取9.5mm棘轮扳手、中接杆、短套筒E10，将其组合

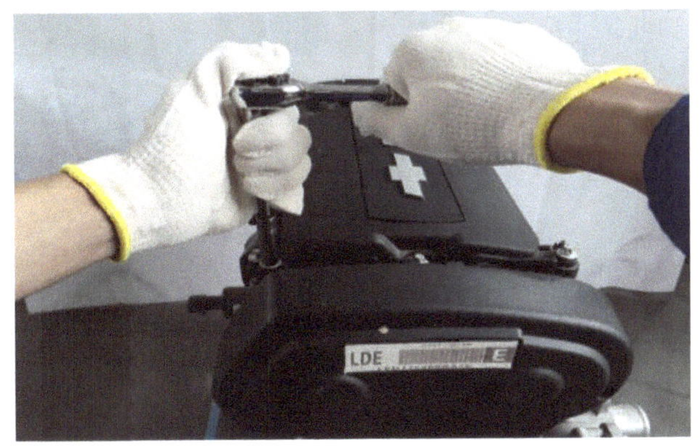

□ 利用组合工具，按对角形式从两边向中间旋松凸轮轴盖上的11个固定螺栓

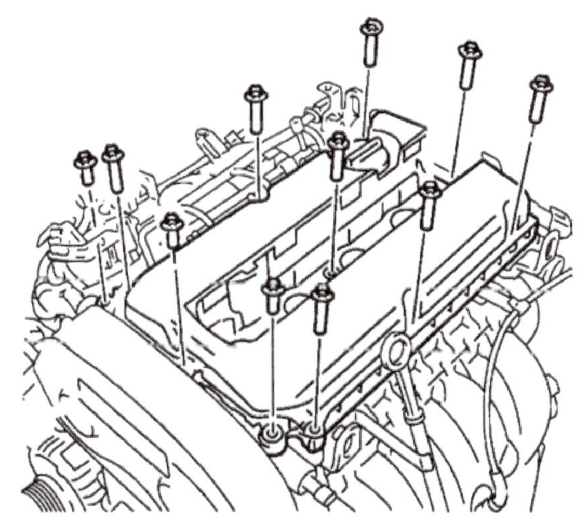

□ 取下凸轮轴盖上的11个固定螺栓

□ 取下凸轮轴盖

（3）拆卸正时传动带前上盖

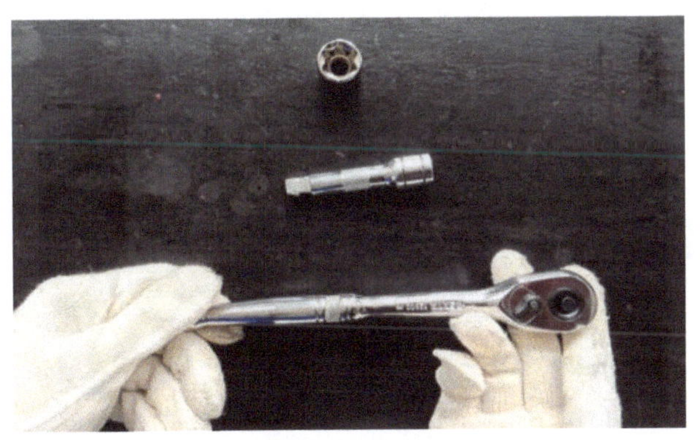

□ 选取9.5mm棘轮扳手、短接杆、短套筒E10，将其组合

□ 利用组合工具，拆下正时传动带前上盖的 2 个固定螺栓，并取下正时传动带前上盖

（4）拆卸曲轴平衡器

□ 设置发动机至上止点，将曲轴平衡器沿着发动机转动方向设置至“1 号气缸上止点”

□ 选取专用工具：凸轮轴锁止工具套件 (EN-6340、EN-6628-A、KM-6625)

□ 使两个凸轮轴槽口保持对齐，直至 EN-6628-A 锁止工具可以插入两个凸轮轴内

□ 使进气凸轮轴位置执行器调节器上的点形标记与 EN-6340 锁止工具上的凹槽相对应

□ 使排气凸轮轴位置执行器调节器上的点形标记与 EN-6340 锁止工具上的凹槽相对应

□ 选取专用工具 EN-6628-A 凸轮轴锁止工具，将其插入两个凸轮轴槽口内

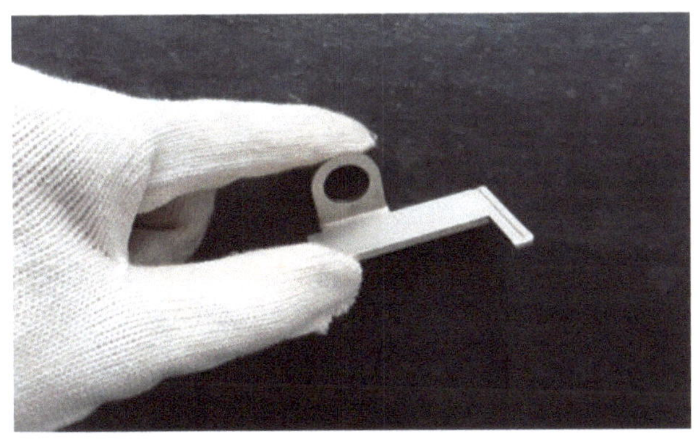

□ 选取专用工具 KM-6625 飞轮固定工具

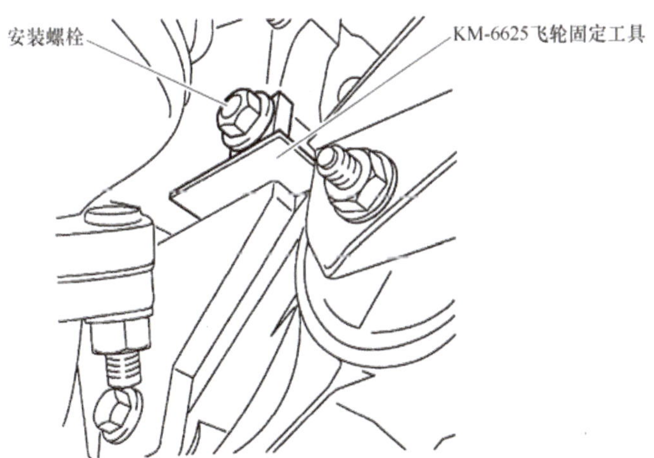

□ 将专用工具 KM-6625 飞轮固定工具安装在发动机气缸体上，锁止飞轮

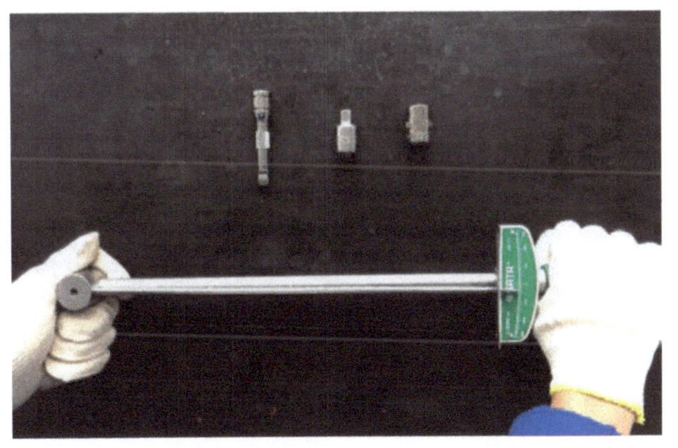

□ 选取指示式扭力扳手、短接杆、短套筒 E18，将其组合

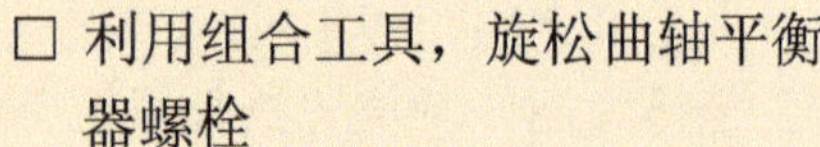

□ 利用组合工具，旋松曲轴平衡器螺栓

□ 取下曲轴平衡器螺栓、曲轴平衡器垫圈、曲轴平衡器

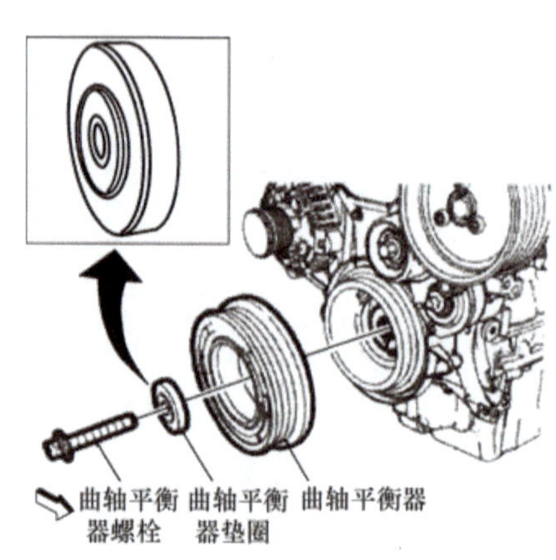

（5）拆卸传动带张紧器

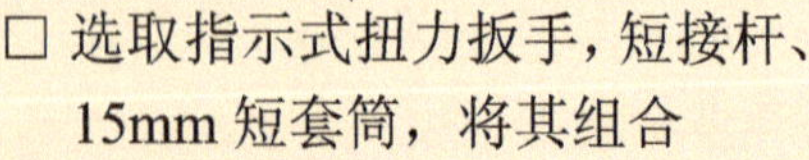

□ 选取指示式扭力扳手，短接杆、15mm 短套筒，将其组合

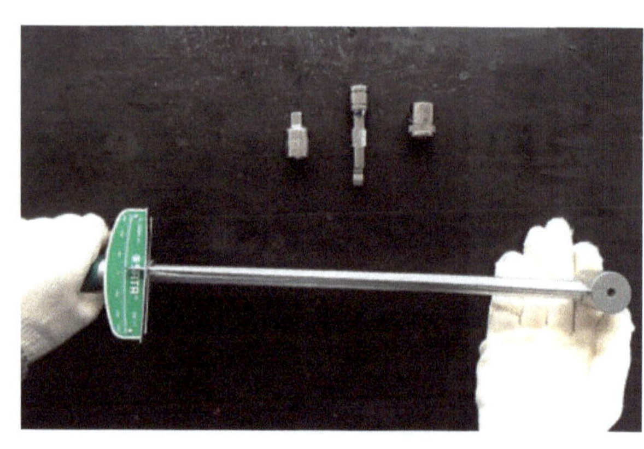

□ 利用组合工具，旋松传动带张紧器的螺栓

□ 取下传动带张紧器的螺栓
□ 取下传动带张紧器

（6）拆卸正时传动带前下盖

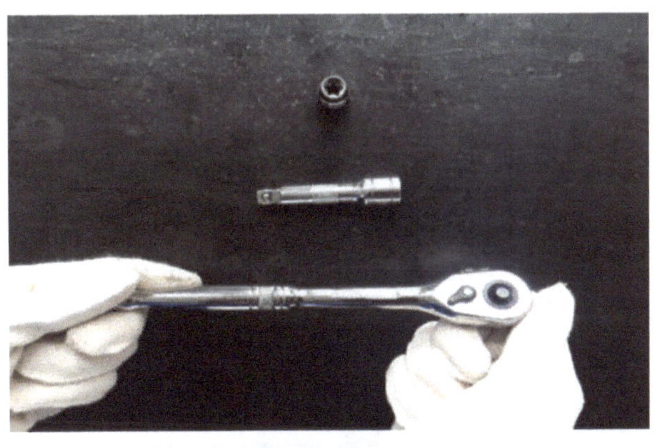

□ 选取 9.5mm 棘轮扳手、短接杆、短套筒 E10，将其组合

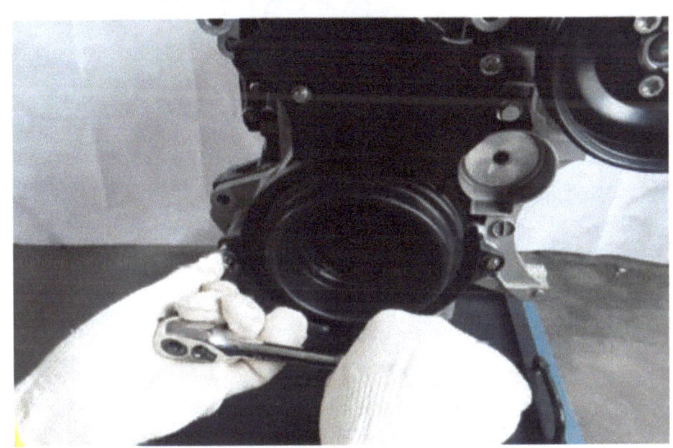

□ 利用组合工具，拆下正时传动带前下盖的 4 个固定螺栓

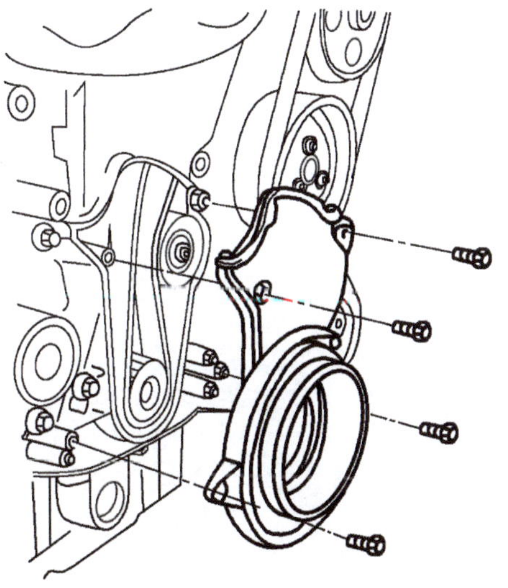

□ 取下正时传动带前下盖

（7）发动机上止点检查

□ 检查曲轴链轮安装位置标记

（8）拆卸正时传动带

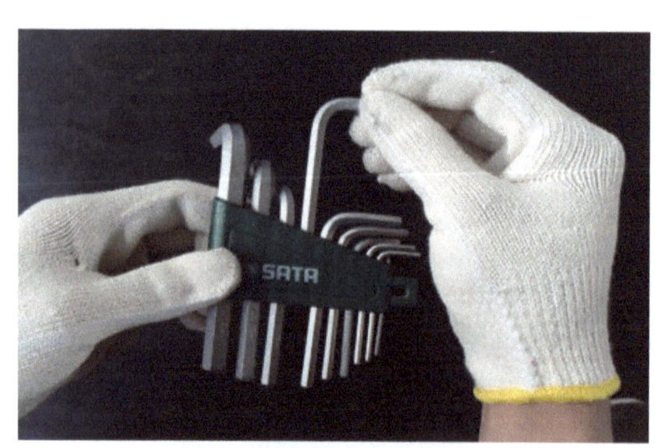

□ 从内六角扳手工具套中取出内六角扳手

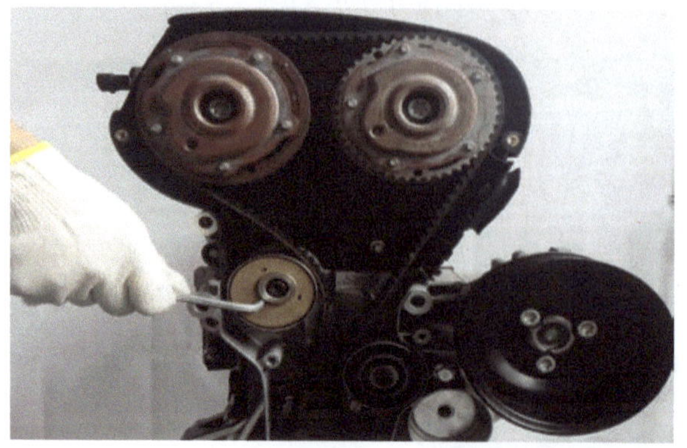

□ 利用内六角扳手旋松正时传动带张紧器，消除传动带张紧力

□ 松开正时传动带

□ 选取指示式扭力扳手，短接杆、短套筒 T50，将其组合

□ 利用组合工具旋松正时传动带张紧器螺栓

□ 取下正时传动带张紧器

□ 利用组合工具旋松正时传动带惰轮螺栓

□ 取下正时传动带惰轮螺栓
□ 取下正时传动带惰轮

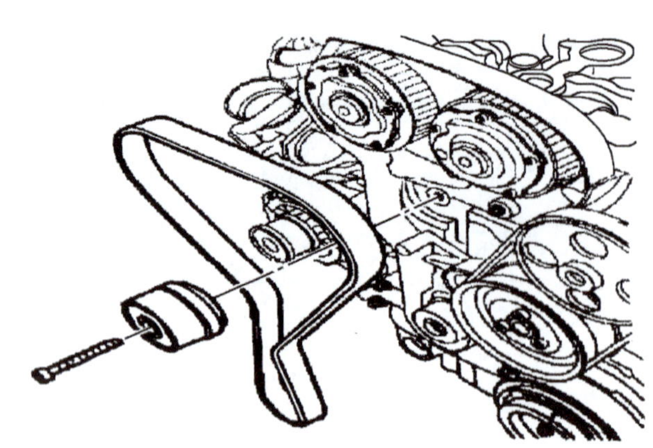

4. 遇到困惑

（1）发动机正时传动带有什么作用？

正时传动带的作用就是在发动机运转时，使活塞的行程（上下的运动）、气门的开启与关闭（时间）以及点火的顺序（时间），在“正时”的连接作用下，时刻保持“同步”。

（2）发动机正时传动带安装在什么位置？

找到发动机正时传动带的实际安装位置。

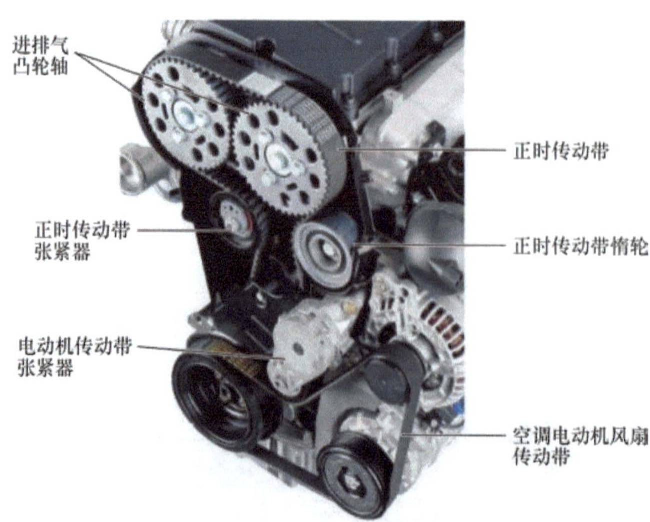

（3）汽车正时传动带是如何工作的？

在汽车发动机工作过程中，在气缸内不断进行进气、压缩、爆炸、排气四个过程，并且，每个步骤的时机都要与活塞的运动状态和位置相配合，使进气与排气及活塞升降相互协调起来。正时传动带在发动机里面扮演了一个“桥梁”的作用，在曲轴的带动下将力量传递给相应机件。

5. 任务深入

（1）检修正时传动带

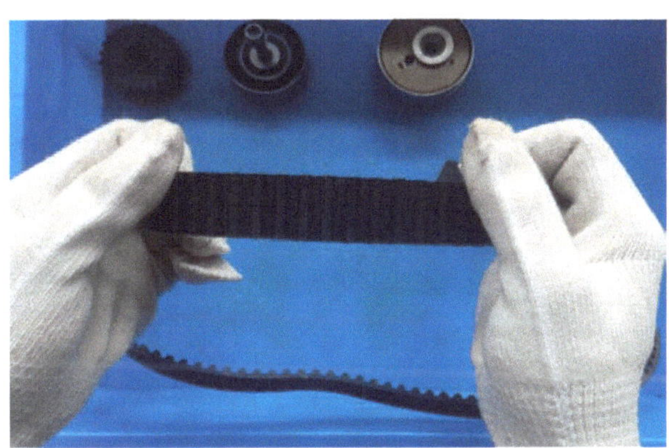

□ 检查正时传动带是否有裂纹、开裂

□ 检查正时传动带是否有磨损、老化

检修结果：____________________

____

采取措施：____________

____

（2）检修正时传动带张紧器

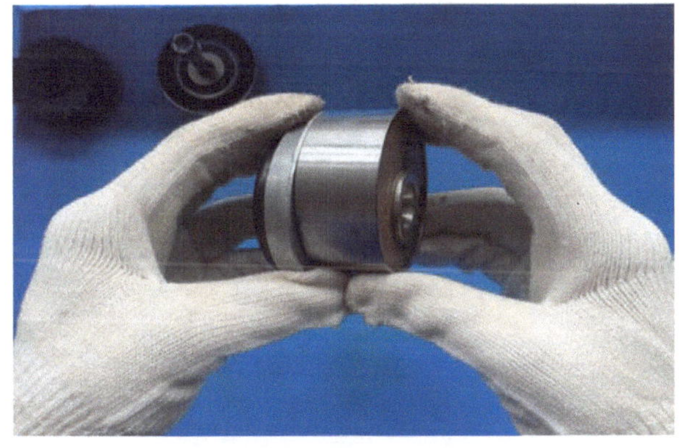

□ 检查正时传动带张紧器是否有裂纹、开裂

□ 检查正时传动带张紧器表面是否有划痕

□ 转动正时传动带张紧器，检查是否有异响、松旷

检修结果：____________________

____

采取措施：____________

____

（3）检修正时传动带惰轮

□ 检查正时传动带惰轮表面是否有划痕、刮伤

□ 检查正时传动带惰轮转动是否平顺，有无卡滞

检修结果：____________________

____

采取措施：__________

____

（4）检修正时齿形带轮

□ 检查正时齿形带轮表面是否有划痕、刮伤

□ 检查正时齿形带轮表面是否有裂纹、开裂

检修结果：____________________

____

采取措施：__________

____

（5）检查凸轮轴位置执行器调节器齿轮

□ 检查齿轮表面是否有划痕、刮伤

□ 检查齿轮表面是否有裂纹、开裂

6. 任务突出

（1）安装曲轴链轮

□ 安装曲轴链轮时，凸轮和凹槽必须对准

□ 安装曲轴链轮

（2）安装正时传动带惰轮

□ 安装前，清洁正时传动带惰轮螺纹

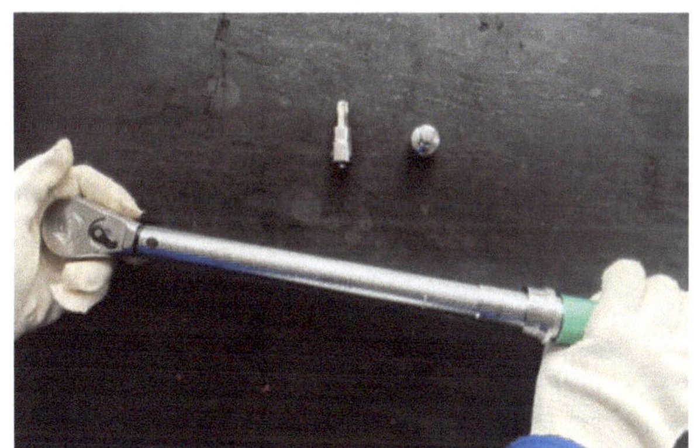

□ 选取预置式扭力扳手、短连接杆、短套筒 T50，将其组合

□ 利用组合工具，将正时传动带惰轮的固定螺栓紧固至 25N・m

(3) 安装正时传动带张紧器

□ 清洁正时传动带张紧器螺纹

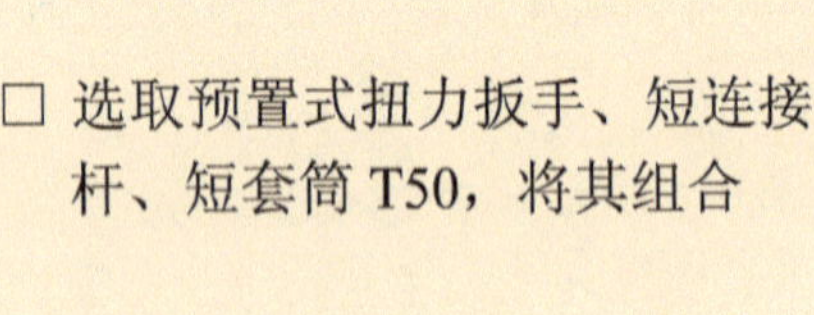

□ 选取预置式扭力扳手、短连接杆、短套筒 T50，将其组合

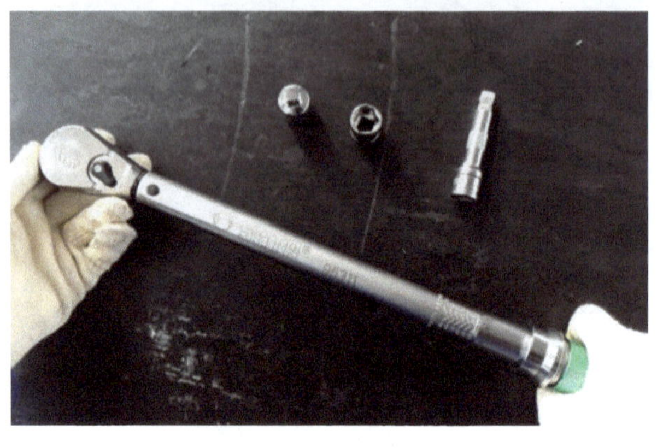

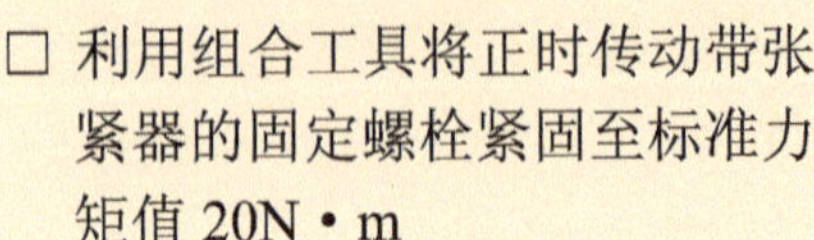

□ 利用组合工具将正时传动带张紧器的固定螺栓紧固至标准力矩值 20N·m

(4) 安装正时传动带

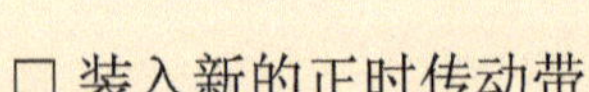

□ 装入新的正时传动带

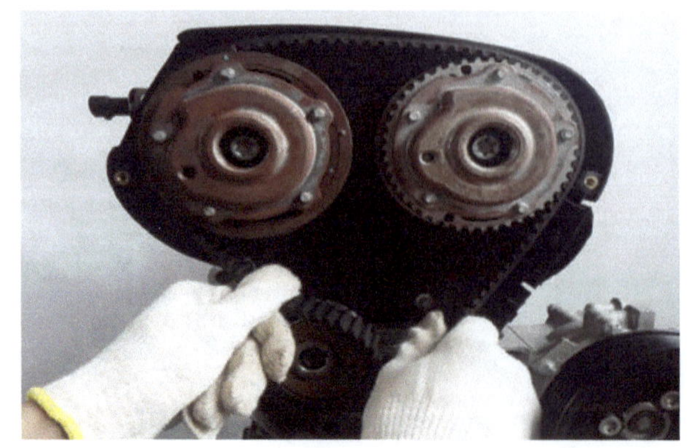

□ 选取内六角扳手
□ 选取专用工具 EN-6333 锁销

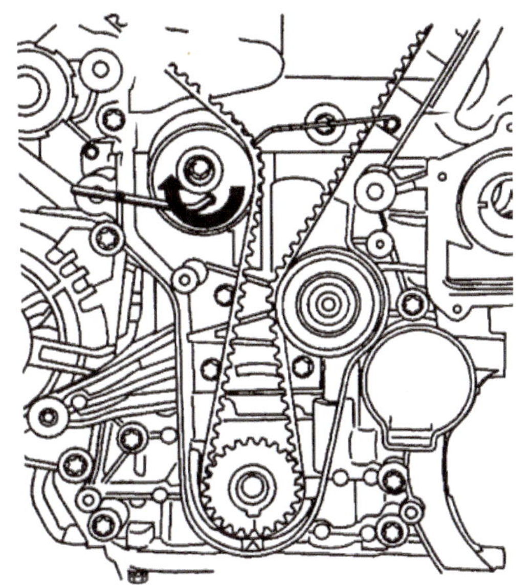

□ 安装专用工具 EN-6333 锁销
□ 利用内六角扳手，沿箭头方向向正时传动带张紧器施加张紧力

□ 检查正时链轮标记是否对齐

检查结果：________________

采取措施：________________

（5）安装正时传动带前下盖

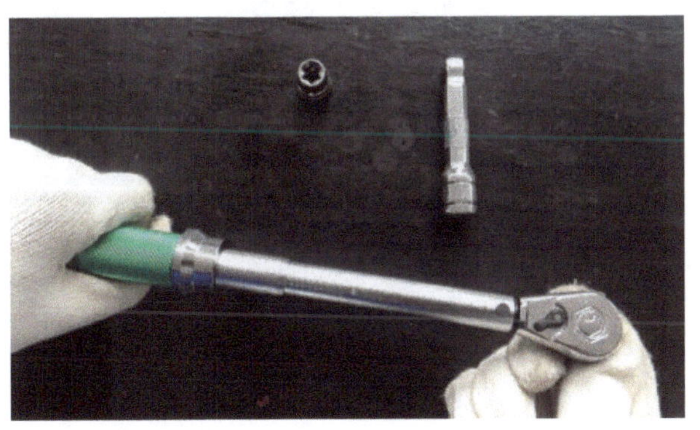

□ 选取预置式扭力扳手、短连接杆、短套筒 E10，将其组合

□ 利用组合工具旋紧正时传动带前下盖的 4 个固定螺栓，紧固至 6 N·m

（6）安装曲轴平衡器

□ 利用螺纹锁固剂安装曲轴平衡器和新的螺栓

□ 利用组合工具分三次拧紧曲轴平衡器的固定螺栓：第一次紧固至 95N·m；第二次再拧转 45°；第三次再拧转 15°

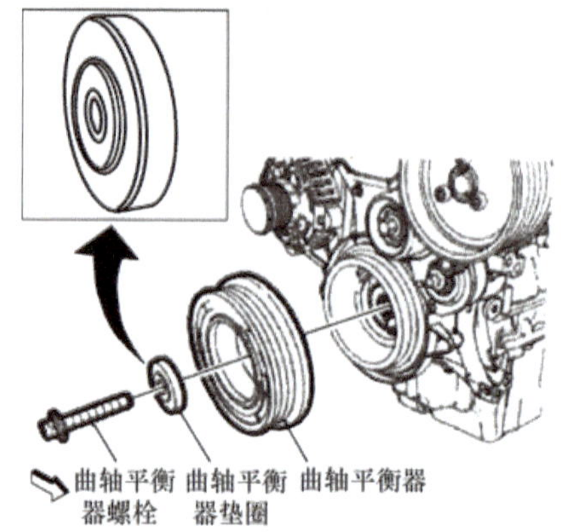

（7）拆卸专用固定工具

□ 拆卸 EN-6628-A 凸轮轴锁止工具

□ 拆卸 EN-6340 锁止工具

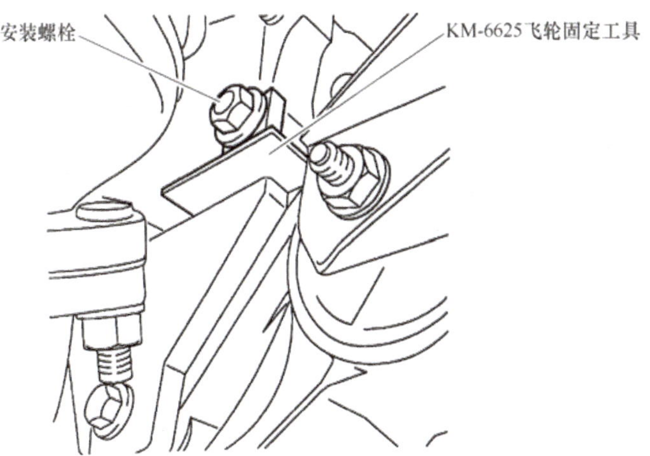

□ 拆卸 KM-6625 飞轮固定工具

（8）检查正时标记

□ 旋转曲轴 2 圈以上，检查正时标记

检查结果：________________

____

采取措施：________

____

（9）工位整理

1）工具整理

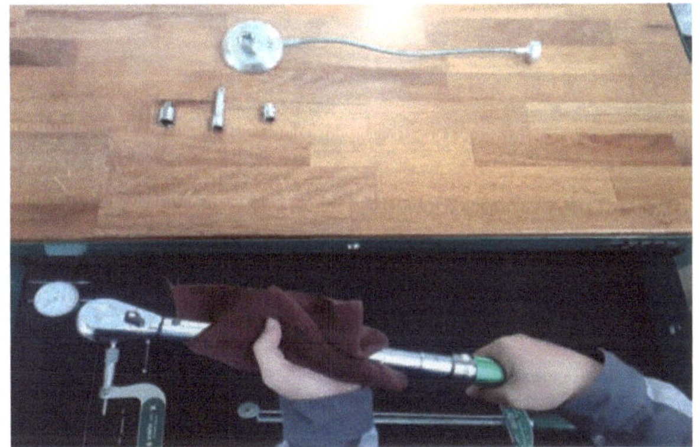

□ 整理所使用的工具、量具、实训设备，用软布擦拭工量具表面脏尘，做好工量具与相关设备的维护工作

2）工位清洁

□ 清洁实训工位，清除工位上的油污、废料、尘土，保持台架干净、整洁

3）场地清扫

□ 清扫实训场地，清除地面上的油污、废料、尘土，保持地面干净、整洁

7. 任务评价

认真填写实训项目工单。

实训项目工单

<table>
<tr><td>姓名</td><td></td><td>车型名称</td><td></td><td>发动机型号</td><td></td></tr>
<tr><td>完成时间</td><td colspan="3"></td><td>成绩</td><td></td></tr>
<tr><td>项目名称</td><td colspan="5">正时带检修</td></tr>
<tr><td>项目重难点</td><td colspan="5">1. 掌握汽车正时传动带主要检修内容。
2. 能正确、规范地完成汽车正时传动带的检修操作流程。</td></tr>
<tr><td colspan="6">任务准备</td></tr>
<tr><td>必要的理论知识要点</td><td colspan="5">1. 简述汽车正时传动带的功用。

2. 列出汽车发动机正时机构的组成部件，并找出各部件的实际安装位置。</td></tr>
<tr><td>所涉及的实训工具</td><td colspan="5"></td></tr>
<tr><td colspan="6">任务反馈</td></tr>
<tr><td rowspan="11">分项检查操作情况</td><td>检查项目</td><td colspan="2">正常打√，异常打×</td><td colspan="2">异常原因分析（主要）</td></tr>
<tr><td>步骤 1</td><td colspan="2">□ 前期基本检查到位</td><td colspan="2">关键部位检查存在缺失</td></tr>
<tr><td>步骤 2</td><td colspan="2">□ 能正确选用工具</td><td colspan="2">工具选用错误</td></tr>
<tr><td>步骤 3</td><td colspan="2">□ 能规范地拆卸曲轴平衡器</td><td colspan="2">拆装操作不规范</td></tr>
<tr><td>步骤 4</td><td colspan="2">□ 能规范地拆卸传动带张紧器</td><td colspan="2">拆装操作不规范</td></tr>
<tr><td>步骤 5</td><td colspan="2">□ 能正确拆卸正时传动带</td><td colspan="2">操作不规范，存有安全隐患</td></tr>
<tr><td>步骤 6</td><td colspan="2">□ 对正时传动带检查规范，项目到位</td><td colspan="2">检修项目不全面，存在缺失</td></tr>
<tr><td>步骤 7</td><td colspan="2">□ 对正时传动带张紧器检查规范，项目到位</td><td colspan="2">检修项目不全面，存在缺失</td></tr>
<tr><td>步骤 8</td><td colspan="2">□ 对正时传动带惰轮检查规范，项目到位</td><td colspan="2">检修项目不全面，存在缺失</td></tr>
<tr><td>步骤 9</td><td colspan="2">□ 能正确安装正时传动带</td><td colspan="2">组装顺序不正确或不得当</td></tr>
<tr><td>步骤 10</td><td colspan="2">□ 能正确使用各拆装工具</td><td colspan="2">操作方法错误</td></tr>
</table>

（续）

归纳该项目操作要点	在进行正时传动带检修操作时，应检查哪些项目？（写出 3 条以上） ________________ ________________			
任务评价				
学生自我评价（40%）	项目	得分	项目	得分
	A：任务实施 10 分		B：课堂纪律 10 分	
	C：质量反馈 5 分		D：小组协作 5 分	
	E：安全操作 5 分		F：7S 应用 5 分	
	认为该改善的项目是________			您的得分：________
小组评价（20%）	□ 优秀（计 20 分） □ 良好（计 15 分） □ 及格（计 10 分） □ 不合格（计 0 分）			您的得分：________
实训小结（20%）（学生填写）	（说说自身的收获） ________________ ________________			您的得分：________
教师点评（20%）	（对你的课堂表现） ________________ ________________			您的得分：________
总分				
你知道吗？	在日常汽车维修过程中，汽车正时传动带故障往往会造成汽车难起动、汽车怠速抖动等现象。 在整个汽车修理作业中，正时传动带的检修占到 10% ～ 12%，是汽车维修岗位必备的一项技能。因此，掌握发动机正时传动带的检修技术，能为我们以后更好地胜任汽车维修岗位（汽车机修工等岗位）打下坚实的基础。			

拓展迁移

1. 模拟相似故障，根据所学知识排除大众帕萨特轿车正时传动带的故障。

2. 结合实车，观察上海通用雪佛兰科鲁兹轿车的发动机正时传动带与大众帕萨特轿车的发动机正时传动带有什么不同之处（**提示：可以从部件安装位置、控制过程等方面来思考**）。

活塞连杆组检修

学习目标

1. 能说出汽车发动机活塞连杆组的作用、部件组成及实际安装位置。
2. 能正确地记录汽车发动机活塞连杆组的主要检修内容及要点。
3. 能规范地完成汽车发动机活塞连杆组的检修操作流程。
4. 能自觉养成 7S 自主管理的行为习惯。

任务实施操作视频

项目导读

活塞连杆组检修是汽车发动机检修的典型项目之一。活塞连杆组的主要损坏部位在活塞环与轴瓦，其主要损坏形式有划痕、擦伤、断裂等，它会使汽车发动机产生故障，导致车辆动力不足、烧机油等现象。遇到此类问题时，作为汽车机修工，我们首先应对汽车活塞连杆组的作用、结构组成、工作过程等基础知识有一定的认识，并掌握一些维修工具的名称及使用方法，按照科学、合理的检修流程，完成检修工作。

学时建议

7 学时。其中，发动机活塞连杆组检修的操作流程教学（即任务深入环节与任务突出环节）是重点，也是难点，5 学时。

资料收集

思考：汽车发动机活塞连杆组有什么作用？安装在哪个位置？在检修过程中，需要哪些工具？

1. 利用汽车相关网站

汽车活塞连杆组的作用、部件组成、工作过程等专业基础知识，可以参照浙江职业教育资源网（http://www.zjve.cn/）上的内容。该网站是我国职业教育专业课程改革（教与学）的支持平台和展示职业教育风貌的重要窗口，网站设有汽车专业各类网络资源，如仿真实训、网络课程、优秀教案等栏目，学生可以免费使用网站上的所有资源，为以后的专业学习提供帮助。

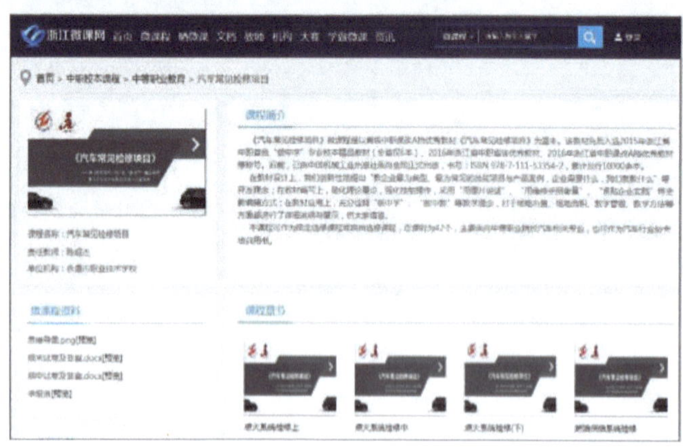

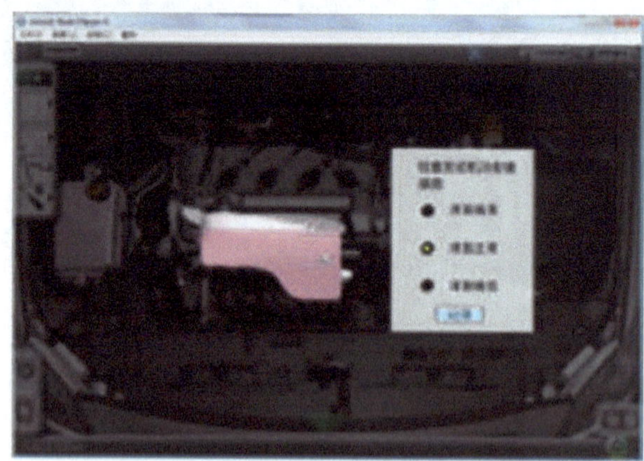

职业教育资源网首页（省级精品微课程）

你知道吗？说说以下工具的名称。

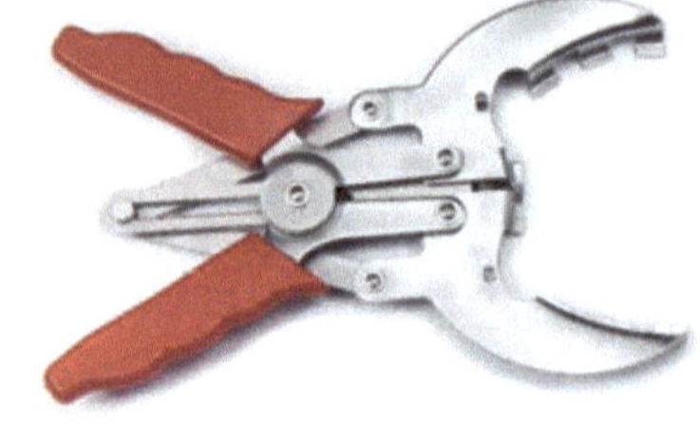

______________　　______________　　______________

2. 教学实施准备

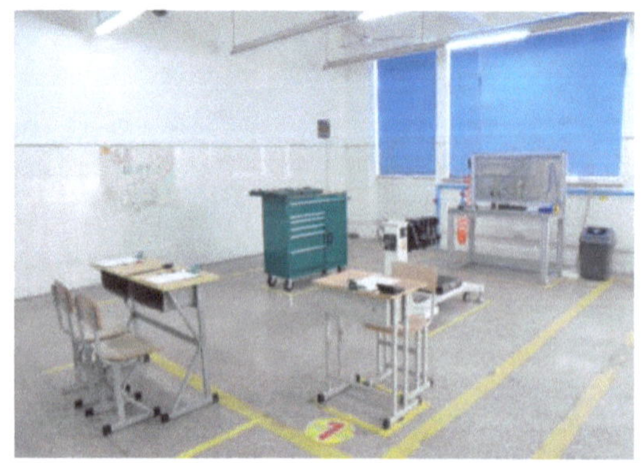

汽车发动机实训室布置图

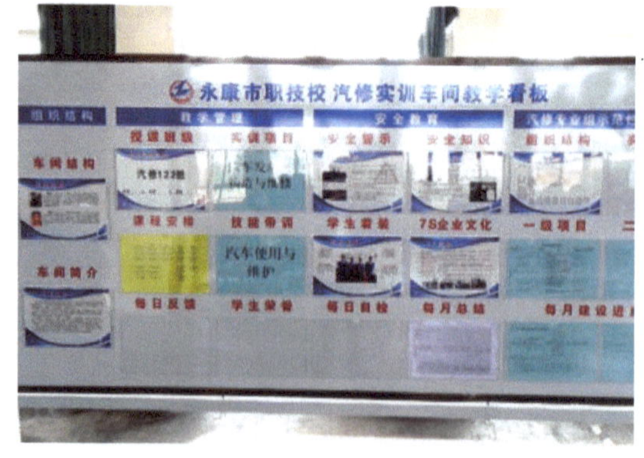

7S 实训管理风采：教学看板展示反馈

活动展开

1. 问题情境

某车行驶里程 20.565 万 km，车主反映汽车起动机运转正常，但发动机起动困难，抖动。

试车后，发现汽车起动机能正常运转，但发动机明显抖动，机油余量已偏少，需要进一步检查。

导致汽车发动机“烧机油”的原因有：

____

____

____

____

2. 任务准备

（1）信息登记

对照实训项目工单，记录维修车辆的基本信息。

（2）工具检查

检查与登记拆装所用工具，标注：

☐ 缺失：________

☐ 损坏：________

☐ 失准：________

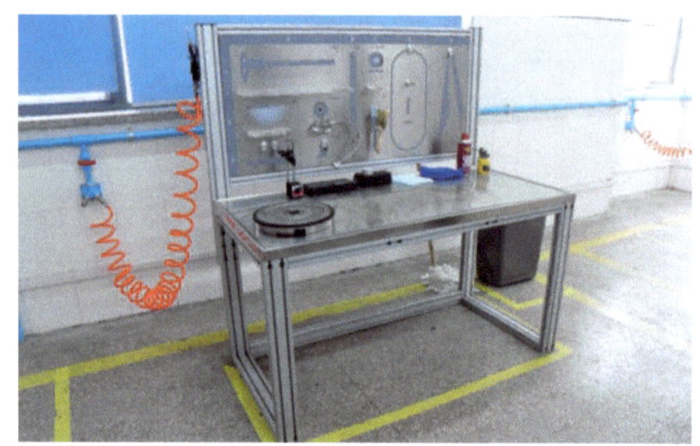

（3）进入工位

进入工位，我们应该：

☐ 穿戴好工作服

☐ 操作安全自检

☐ 准备所涉及的维修工量具

☐ 工量具检查

☐ 整理工量具

（待完成后，在相应方框内打√，以此类推）

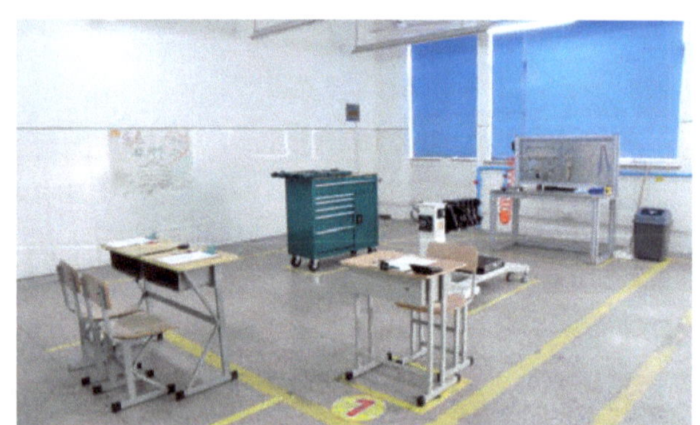

3. 任务引入

（1）基本检查

☐ 检查发动机台架安全固定情况

☐ 检查台架转动是否顺畅

（2）拆卸活塞连杆组

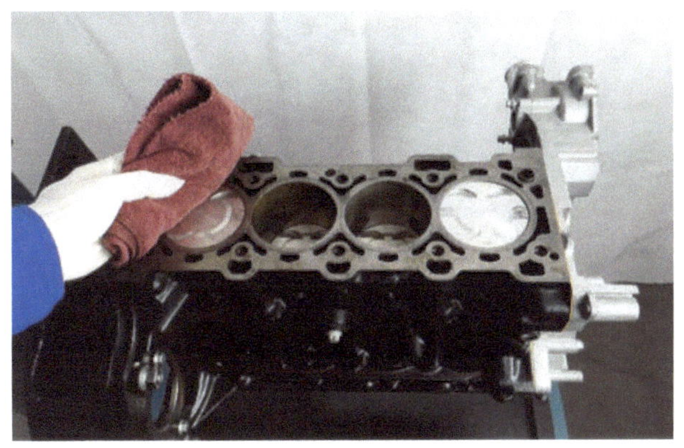

□ 用软布清洁气缸体的接合面，去除油污、脏尘

□ 用软布清洁各气缸的内部，去除油污、脏尘

□ 转动曲轴，保持 1 缸处于上止点位置

□ 拆卸前，用记号笔依次对各缸的活塞连杆组按 1 ～ 4 做好标记

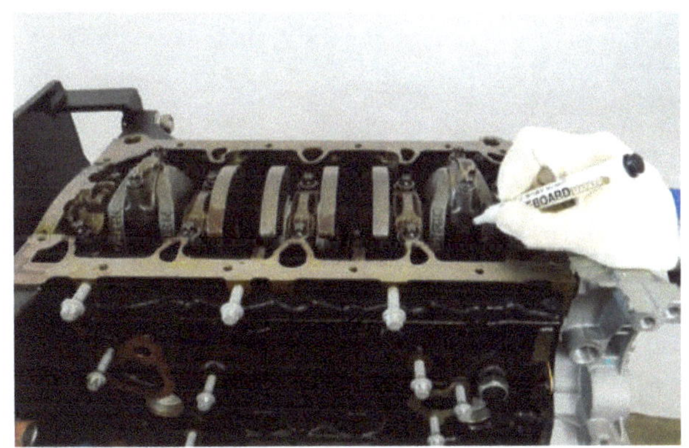

□ 拆卸前，用彩笔依次在每缸活塞连杆与连杆轴承盖之间（配合处）做好装配标记

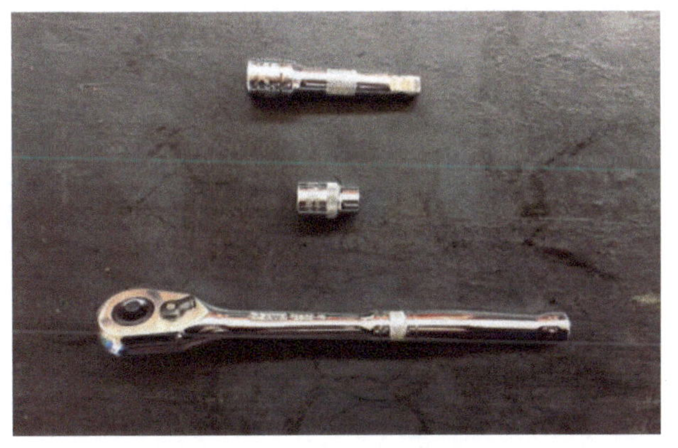

□ 选取 9.5mm 棘轮扳手、短接杆、短套筒 E12，将其组合

□ 利用组合工具，依次拆卸 1 缸与 4 缸的 4 个连杆轴承盖螺栓

□ 取下连杆轴承盖与连杆轴承

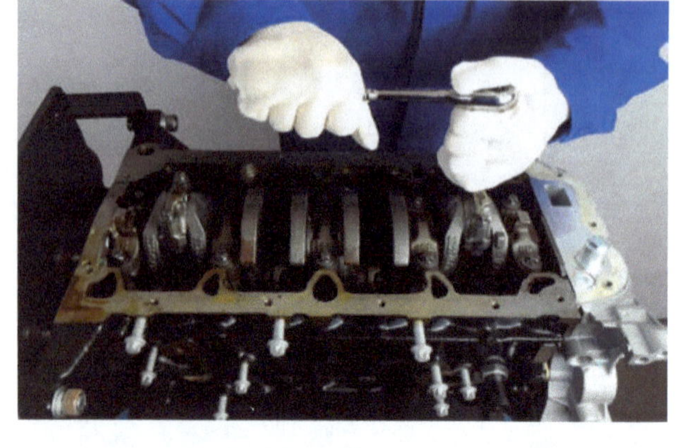

□ 用橡胶锤轻轻敲击连杆，将 1 缸与 4 缸的活塞推出气缸孔

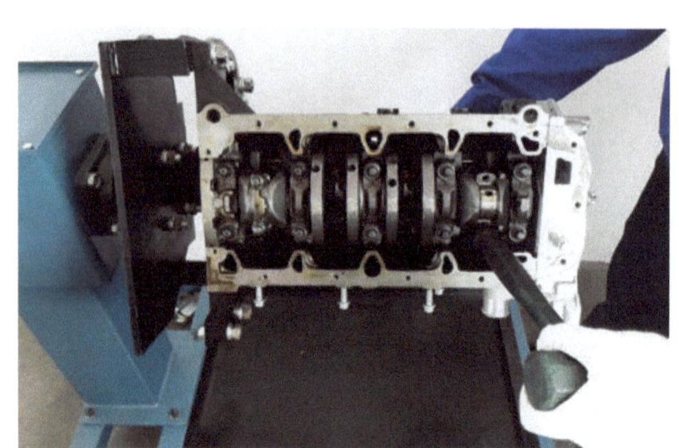

□ 取下 1 缸与 4 缸的活塞，并用记号笔对各缸活塞连杆组做好标记

□ 以相同的方法，拆卸 2 缸与 3 缸的活塞，并用记号笔对各缸活塞连杆组做好标记

□ 各缸活塞依次摆好

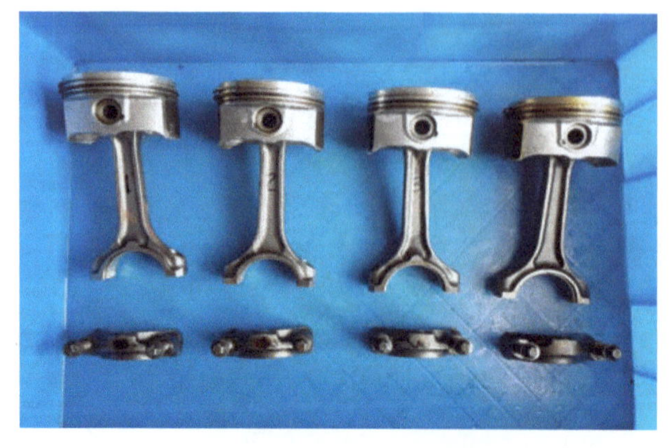

（3）拆卸活塞环

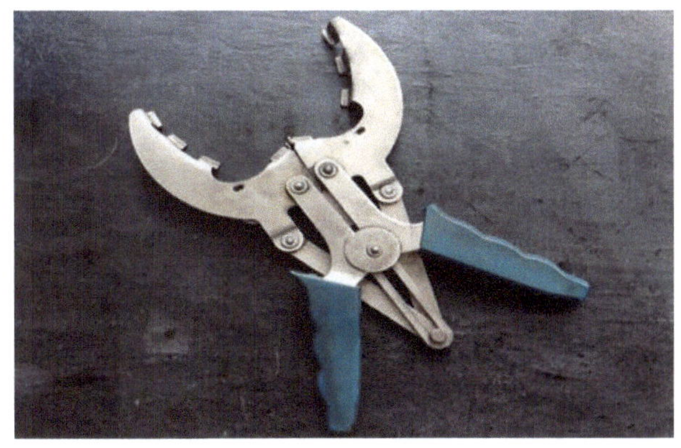

□ 选取专用工具活塞环钳，使用前，注意清洁活塞环钳表面的油污、脏尘

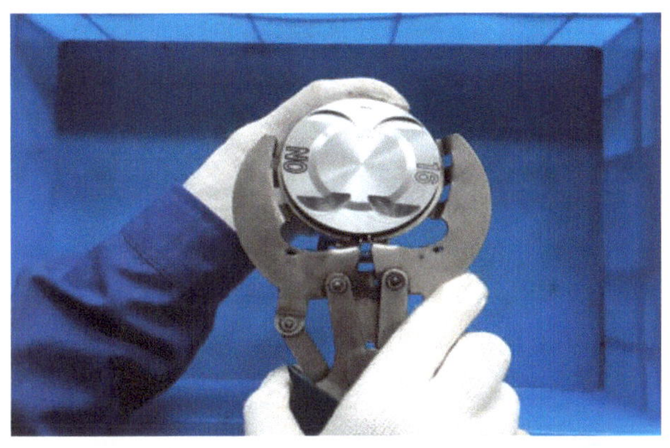

□ 利用专用工具活塞环钳依次拆卸各缸活塞的三道活塞环

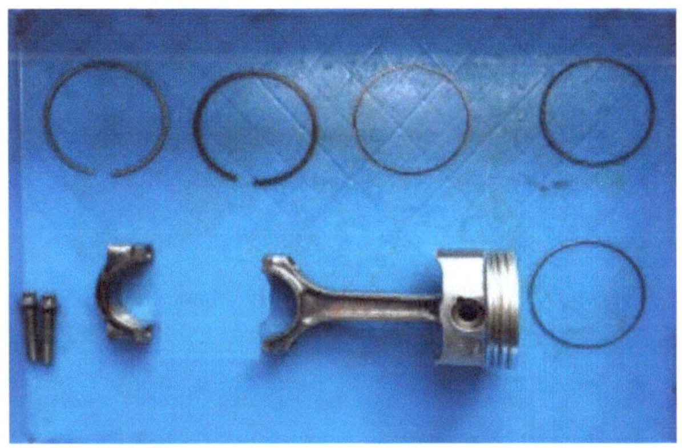

□ 按照自上而下的顺序，依次摆放好各道活塞环（分别为二道气环、一道油环）

（4）拆卸连杆轴瓦

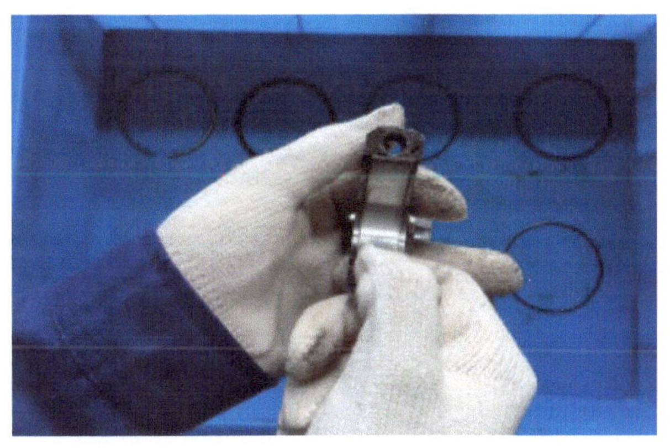

□ 取下活塞连杆的上轴瓦

□ 取下轴承盖的下轴瓦

□ 按照拆卸顺序，将各轴瓦依次平放于零件盒内

□ 连杆和连杆轴瓦的剪切表面形成独特的配合，不能交换使用，否则会损坏

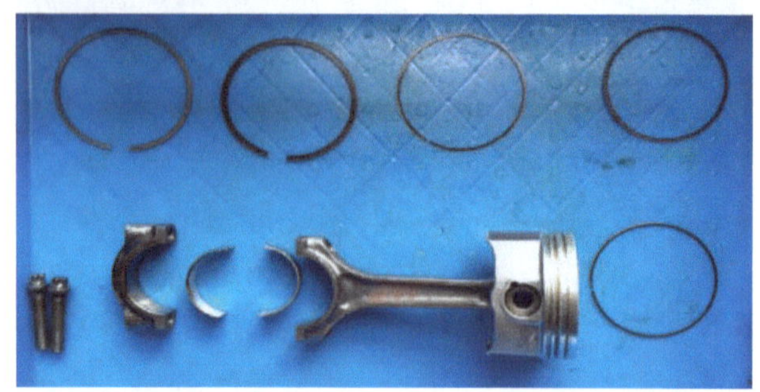

4. 遇到困惑

（1）活塞连杆组有什么作用？

活塞连杆组将活塞的往复运动变为曲轴的旋转运动，同时将作用于活塞上的力转变为曲轴对外输出的转矩，以驱动汽车车轮转动。

它是发动机的传动件，它把燃烧气体的压力传给曲轴，使曲轴旋转并输出动力。

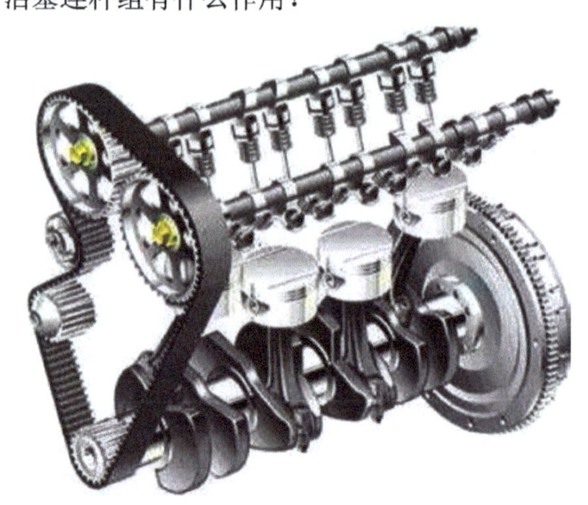

（2）活塞连杆组由什么组成？

活塞连杆组主要由活塞、活塞环、活塞销、连杆及连杆轴瓦等组成。

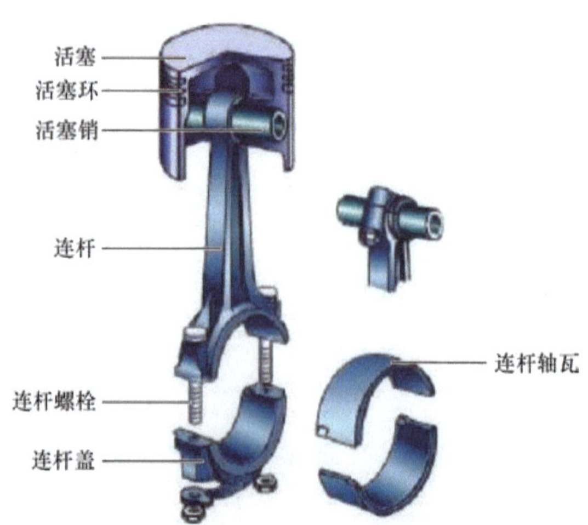

(3) 活塞连杆组实际安装在什么位置？

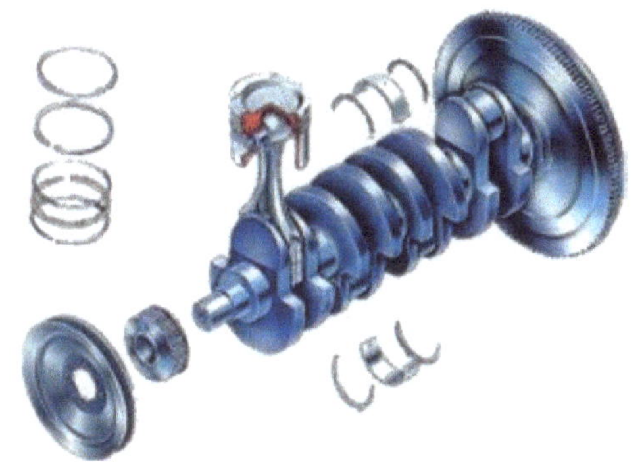

找到活塞连杆组的实际安装位置。

5. 任务深入

(1) 活塞环检查

1) 基本检查

□ 用一个有开口的活塞环（锉成楔形）将机油、积炭从凹槽中清除

□ 用毛刷蘸取汽油，清洁各个活塞环槽内的脏尘、油污

□ 用毛刷蘸取汽油，清洁各道活塞环，去除表面脏尘、油污

2) 测量活塞环端隙

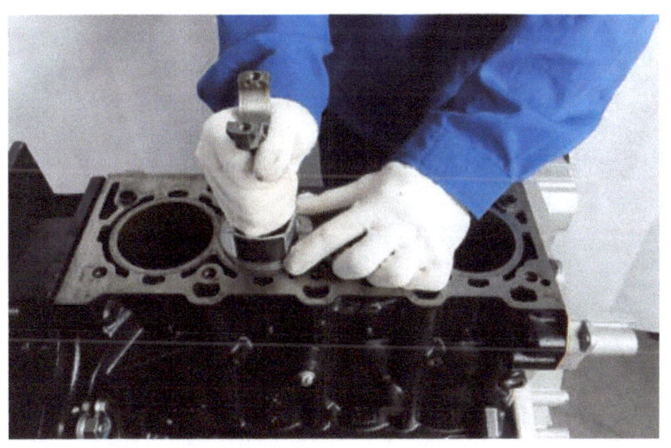

□ 用活塞顶部将活塞环压入气缸内

□ 选用塞尺。使用前，先用软布清洁其表面，去除脏尘、油污

□ 将活塞环放入缸体内，测量活塞环端隙，判断端隙值是否处于标准范围

□ 活塞环端隙标准范围：矩形压缩环为 0.20 ～ 0.40mm；锥形压缩环为 0.40 ～ 0.60mm；刮油环为 0.25 ～ 0.75mm

检修结果：________________

____

采取措施：________

____

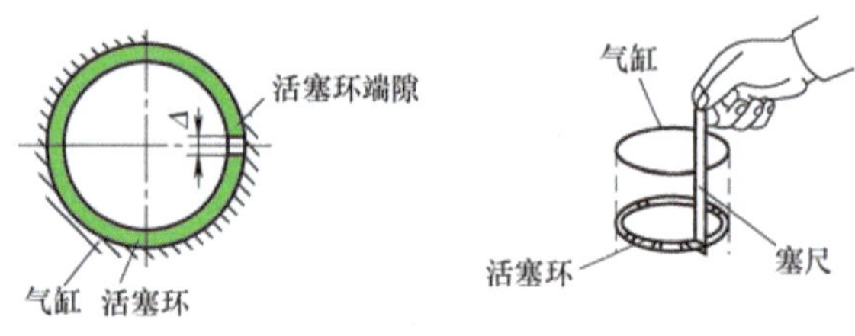

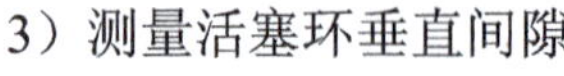

3）测量活塞环垂直间隙

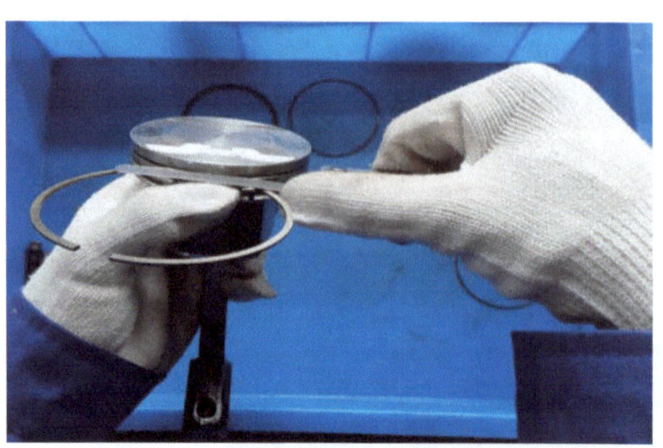

□ 将塞尺塞入活塞环凹槽中，检查活塞环垂直间隙

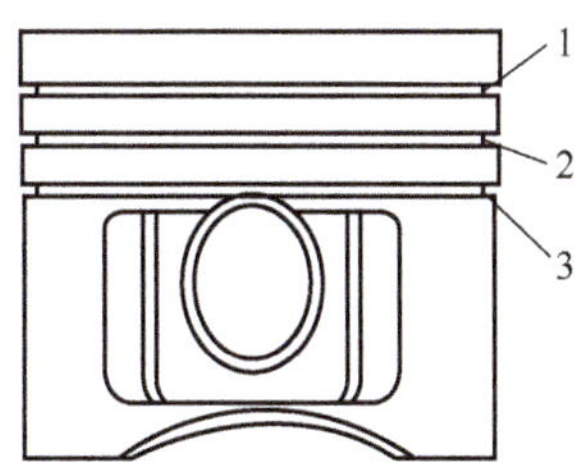

□ 将活塞环放在活塞上，测量活塞环垂直间隙（侧隙），判断垂直间隙值是否处于标准范围

□ 活塞环垂直间隙标准范围：矩形压缩环 1 为 0.04 ~ 0.08mm 锥形压缩环 2 为 0.03 ~ 0.07mm 刮油环 3 为 0.03 ~ 0.13mm

检修结果：________________

____

采取措施：________________

____

（2）清洁连杆轴瓦

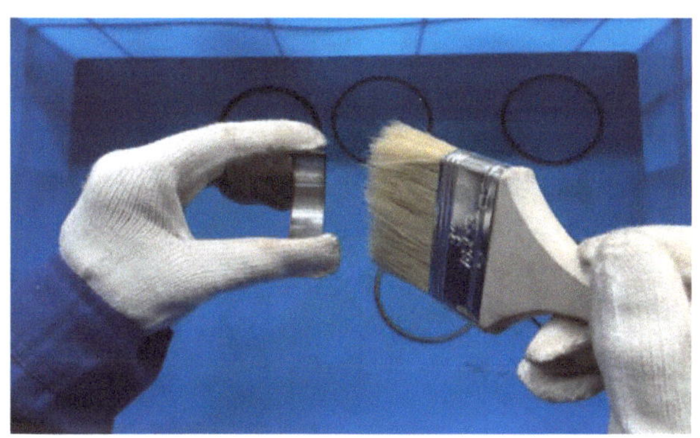

□ 用毛刷清洁连杆轴瓦内、外表面的油污、脏尘

□ 检查连杆轴瓦表面是否有裂纹、划痕

检修结果：________________

____

采取措施：________________

____

6. 任务突出

（1）安装活塞连杆

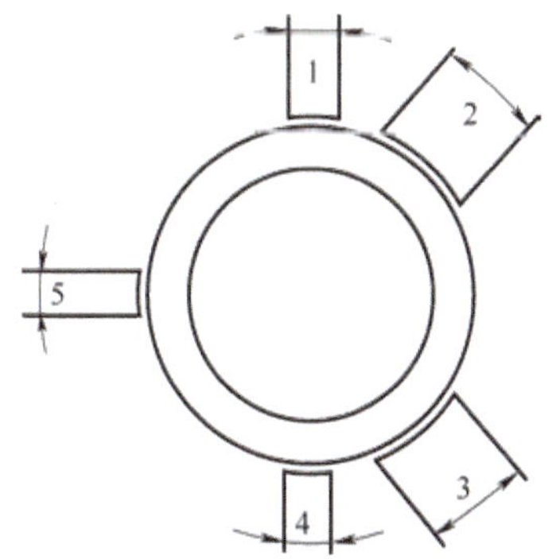

□ 设置活塞环端隙：第一道活塞环开口在位置 1；第二道活塞环开口在位置 2；刮油环的中间环开口在位置 3，刮油环钢环在位置 4 与 5

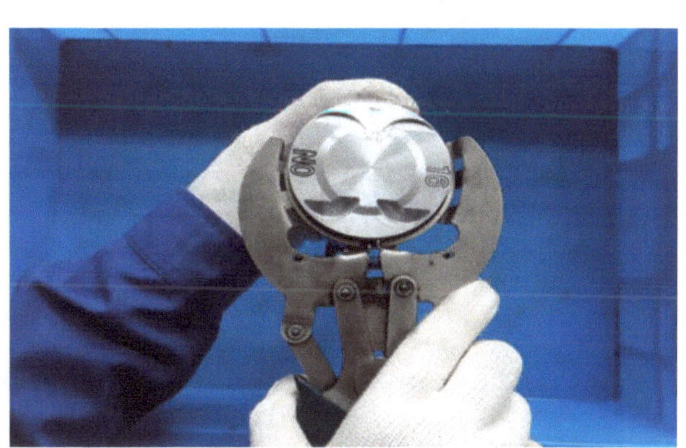

□ 利用活塞环钳安装活塞环，将活塞环“TOP”面朝上

□ 第一道环与第二道环应注意区分，两道环位置不可互换

□ 装复连杆轴瓦，待安装好后，用机油枪在轴瓦表面涂抹少许机油，便于后续安装

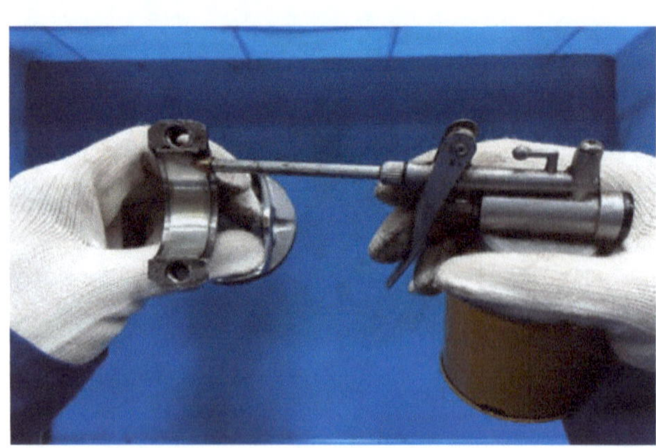

（2）安装活塞连杆组

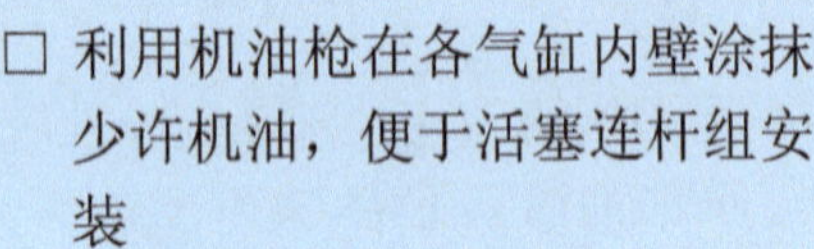

□ 利用机油枪在各气缸内壁涂抹少许机油，便于活塞连杆组安装

□ 利用机油枪在活塞环处涂抹少许机油，便于活塞连杆组安装

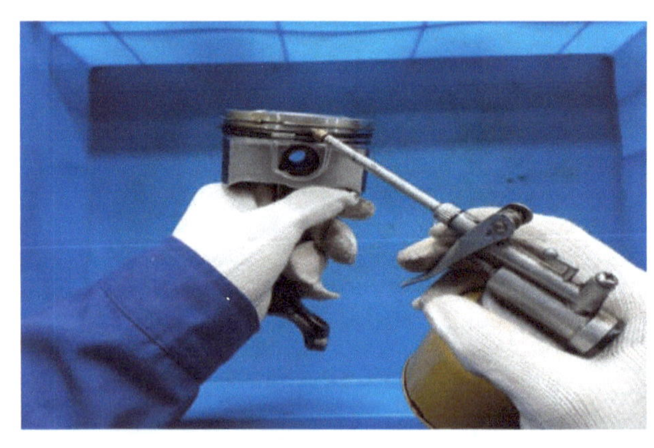

□ 选取专用工具活塞环压缩器，用软布清洁活塞环压缩器表面的脏尘

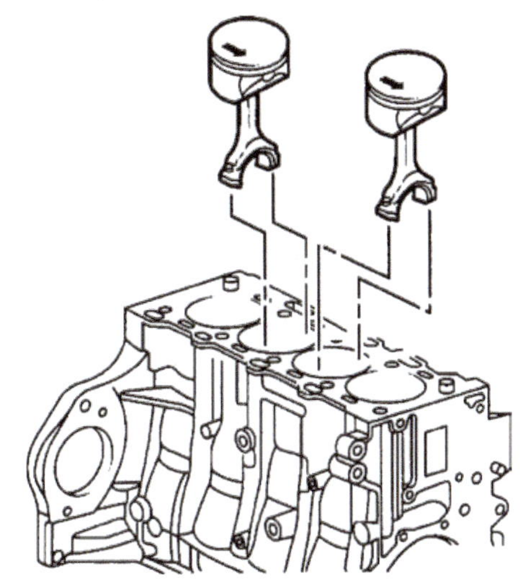

□ 安装前，检查活塞头部的箭头应指向发动机正时侧

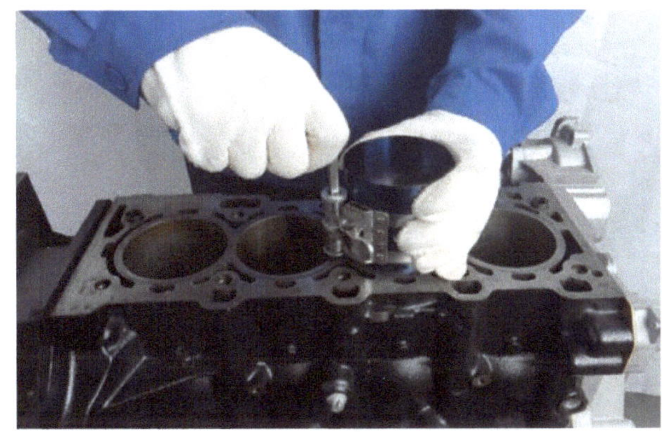

□ 利用活塞环压缩器安装活塞头部，调整活塞环压紧力

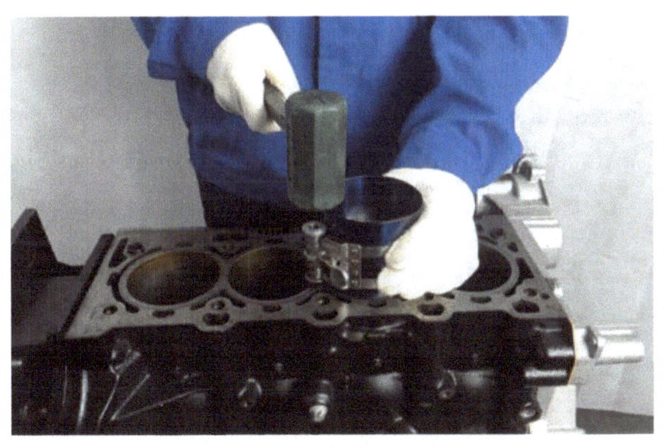

□ 利用橡胶锤轻轻敲击活塞压紧器边缘，保持平齐

□ 用橡皮锤末端轻轻敲击活塞顶部，使活塞进入气缸内，直至连杆顶住曲轴，防止连杆头部敲坏曲轴轴颈

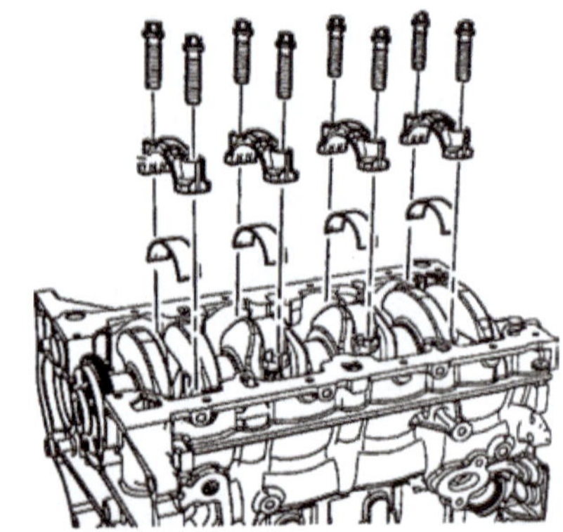

□ 安装 2 缸与 3 缸的连杆轴承盖与 4 个轴承盖螺栓

□ 检查 2 缸与 3 缸的连杆轴承盖与活塞连杆组之间装配标记是否正确

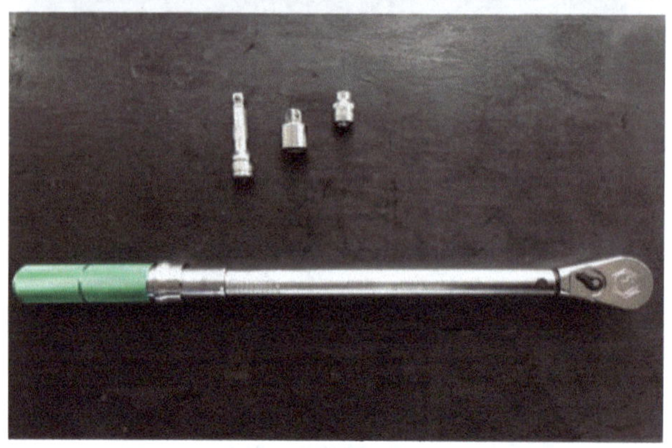

□ 选取扭力扳手、短接杆、短套筒 E12，将其组合

□ 选取专用工具 EN-45059 转角传感器

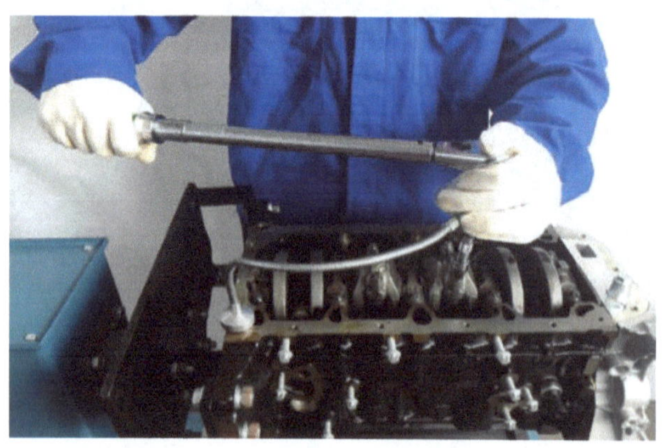

□ 紧固 2 缸与 3 缸的连杆轴承盖的 4 个螺栓，分三次紧固：第一次紧固至 35N•m；第二次再拧转 45°；第三次再拧转 15°

□ 待安装后，沿发动机旋转的方向转动曲轴平衡器上的曲轴 180°，检查 2 缸与 3 缸的活塞是否存在卡滞、异响现象

检修结果：________________

____

采取措施：________

____

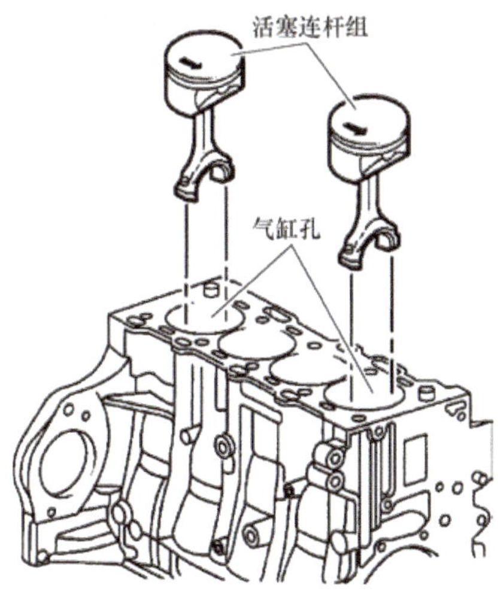

□ 以同样的方法，依次安装 1 缸与 4 缸的活塞连杆组

（3）整理工位

1）工具整理

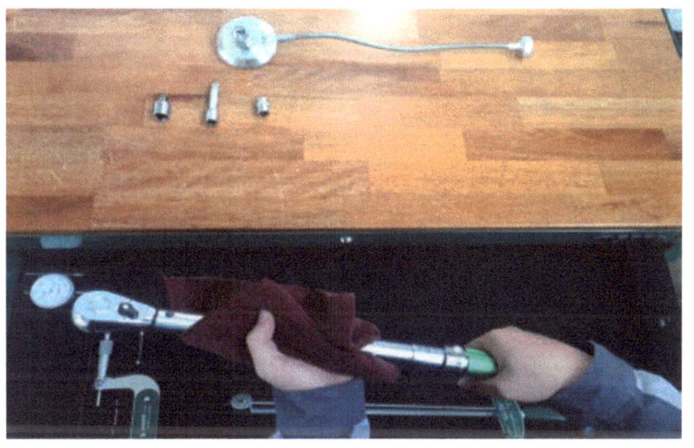

□ 整理所使用的工具、量具、实训设备，用软布擦拭工量具表面脏尘，做好工量具与相关设备的维护工作

2）工位清洁

□ 清洁实训工位，清除工位上的油污、废料、尘土，保持台架干净、整洁

3）场地清扫

□ 清扫实训场地，清除地面油污、废料、尘土，保持地面干净、整洁

7. 任务评价

认真填写实训项目工单。

实训项目工单

<table>
<tr><td>姓名</td><td></td><td>车型名称</td><td></td><td>发动机型号</td><td></td></tr>
<tr><td>完成时间</td><td colspan="3"></td><td>成绩</td><td></td></tr>
<tr><td>项目名称</td><td colspan="5">活塞连杆组检修</td></tr>
<tr><td>项目重难点</td><td colspan="5">1. 掌握汽车活塞连杆组的主要检修内容。
2. 能正确、规范地完成汽车活塞连杆组的检修操作流程。</td></tr>
<tr><td colspan="6">任务准备</td></tr>
<tr><td>必要的理论知识要点</td><td colspan="5">1. 简述汽车发动机活塞连杆组的功用。
____
____
2. 列出汽车活塞连杆组的组成部件，并找出各部件的实际安装位置。
____
______________________________</td></tr>
<tr><td>所涉及的实训工具</td><td colspan="5"></td></tr>
<tr><td colspan="6">任务反馈</td></tr>
<tr><td rowspan="10">分项检查操作情况</td><td>检查项目</td><td colspan="2">正常打√，异常打×</td><td colspan="2">异常原因分析（主要）</td></tr>
<tr><td>步骤 1</td><td colspan="2">□ 前期基本检查到位</td><td colspan="2">关键部位检查存在缺失</td></tr>
<tr><td>步骤 2</td><td colspan="2">□ 能正确选用工具</td><td colspan="2">工具选用错误</td></tr>
<tr><td>步骤 3</td><td colspan="2">□ 能规范地拆卸各活塞连杆组</td><td colspan="2">拆卸操作不规范</td></tr>
<tr><td>步骤 4</td><td colspan="2">□ 能规范地拆卸各活塞环</td><td colspan="2">拆卸操作不规范</td></tr>
<tr><td>步骤 5</td><td colspan="2">□ 能规范地拆卸连杆轴瓦</td><td colspan="2">检修项目不全面，存在缺失</td></tr>
<tr><td>步骤 6</td><td colspan="2">□ 对活塞环检查规范，项目到位</td><td colspan="2">检修项目不全面，存在缺失</td></tr>
<tr><td>步骤 7</td><td colspan="2">□ 连杆轴瓦检修，项目到位</td><td colspan="2">检修项目不全面，存在缺失</td></tr>
<tr><td>步骤 8</td><td colspan="2">□ 能正确安装活塞连杆组</td><td colspan="2">组装顺序不正确或不得当</td></tr>
<tr><td>步骤 9</td><td colspan="2">□ 各拆装工具能正确使用</td><td colspan="2">操作方法错误</td></tr>
<tr><td>归纳该项目操作要点</td><td colspan="5">在进行活塞连杆组检修操作时，应检查哪些项目？（写出 3 条以上）
____
______________________________</td></tr>
<tr><td colspan="6">任务评价</td></tr>
<tr><td rowspan="5">学生自我评价（40%）</td><td>项目</td><td>得分</td><td>项目</td><td colspan="2">得分</td></tr>
<tr><td>A：任务实施 10 分</td><td></td><td>B：课堂纪律 10 分</td><td colspan="2"></td></tr>
<tr><td>C：质量反馈 5 分</td><td></td><td>D：小组协作 5 分</td><td colspan="2"></td></tr>
<tr><td>E：安全操作 5 分</td><td></td><td>F：7S 应用 5 分</td><td colspan="2"></td></tr>
<tr><td colspan="3">您认为该改善的项目是______________</td><td colspan="2">您的得分：________</td></tr>
</table>

（续）

小组评价 （20%）	□ 优秀（计 20 分）　□ 良好（计 15 分） □ 及格（计 10 分）　□ 不合格（计 0 分）　您的得分：________
实训小结 （20%） （学生填写）	（说说自身的收获）　您的得分：________ ________________ ________________
教师点评 （20%）	（对你的课堂表现）　您的得分：________ ________________ ________________
总分	
你知道吗？	在日常汽车维修过程中，汽车发动机活塞连杆组故障（活塞环、轴瓦等）往往会造成汽车难起动、怠速抖动、烧机油等现象。 在整个汽车修理作业中，活塞环与轴瓦的检修占到 3% ~ 5%，是汽车维修岗位必备的一项技能。因此，掌握发动机活塞连杆组的检修技术（含拆装技能），能为我们以后更好地胜任汽车维修岗位（汽车机修工等岗位）打下坚实的基础。

拓展迁移

1. 模拟相似故障，根据所学知识排除大众帕萨特轿车发动机活塞连杆组的故障。

2. 结合实车，观察上海通用雪佛兰科鲁兹轿车的发动机活塞连杆组与大众帕萨特轿车的发动机活塞连杆组有什么不同之处。

项目五 气缸盖检修

学习目标

1. 能说出气缸盖的作用、部件组成及实际安装位置。
2. 能正确地记录气缸盖的主要检修内容及要点。
3. 能规范地完成气缸盖的检修操作流程。
4. 能自觉遵守 7S 实训管理的纪律要求。

任务实施操作视频

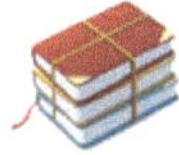

项目导读

气缸盖检修是汽车发动机检修的典型项目之一。气缸盖的主要损坏形式有划痕、变形、开裂等，它会使汽车发动机产生故障，导致车辆动力不足、漏油、抖动。遇到此类问题，作为汽车机修工，我们首先应对气缸盖的作用、结构组成、工作过程等基础知识有一定的认识，并掌握一些维修工具的名称及使用方法，按照科学、合理的检修流程，完成检修工作。

学时建议

8 学时，气缸盖检修的操作流程教学（即任务深入环节与任务突出环节）是重点，也是难点，6 学时。

资料收集

思考： 汽车气缸盖有什么作用？如何拆装气缸盖？在此次检修过程中，需要哪些工具？

1. 认识汽车虚拟仿真软件

汽车虚拟仿真软件是指采用三维仿真教学模拟现实中的汽车构造及原理，把汽车的各个组成部分模拟成三维动画，并且在此基础上引入了虚拟现实技术，使软件能够 360° 全方位展示每一个零部件。上实训课前，我们可以先上虚拟实训课，对所学内容有充分的认识和准备，对实训室的实训要求和环节更加清楚，正式进入到实训场地就能做到有的放矢，而且能减少资源的损耗以及节约实训的操作时间，也提高了实训的安全性。

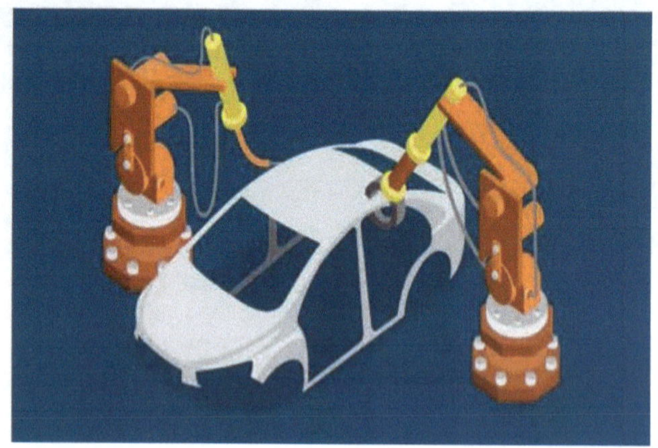

汽车虚拟仿真软件应用

你知道吗？说说以下工具的名称。

______________ ______________ ______________

2. 教学实施准备

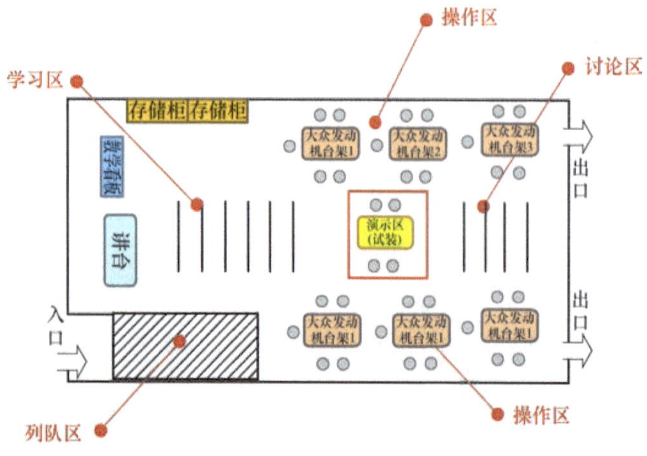

汽车发动机拆装实训工位布置图

7S 实训管理风采：站着上课

活动展开

1. 问题情境

今天上午，接待一辆2010年生产的雪佛兰科鲁兹故障轿车，行驶里程12.526万km，用户反映发动机抖动明显，加速乏力，无意中发现发动机机体处有污物，望予以排除。

经试车后，发现车辆加速后，抖动明显，发动机机体处确实有污物，有漏油迹象，需要进一步检查。

导致汽车发动机漏油的原因有：

____

____

____

____

2. 任务准备

（1）信息登记

对照实训项目工单，记录维修车辆的基本信息。

（2）工具检查

检查与登记拆装所用工量具，标注：

□ 缺失：________________

□ 损坏：________________

□ 失准：________________

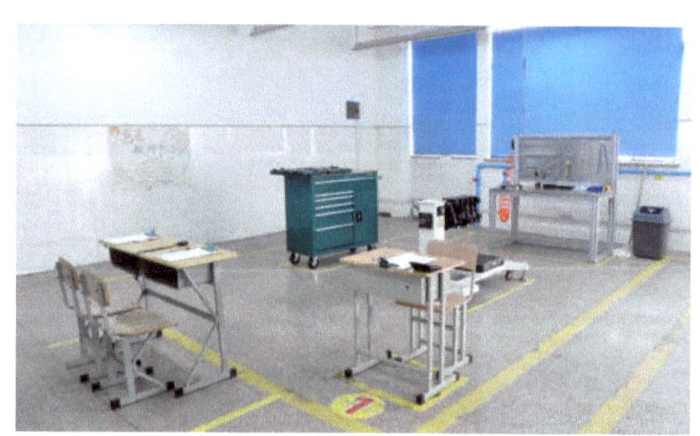

（3）进入工位

进入工位，我们应该：

□ 穿戴好工作服

□ 操作安全自检

□ 准备所涉及的维修工量具

□ 工量具检查

□ 整理工量具

（待完成后，在相应方框内打√，以此类推）

3. 任务引入

（1）基本检查

□ 检查发动机台架安全固定情况

□ 检查台架转动是否顺畅

（2）拆卸正时传动带后盖

□ 设置发动机至上止点，将曲轴平衡器沿着发动机转动方向设置至“1 缸上止点”

□ 将两个凸轮轴槽口对齐，直至 EN-6628-A 锁止工具可以插入两个凸轮轴内

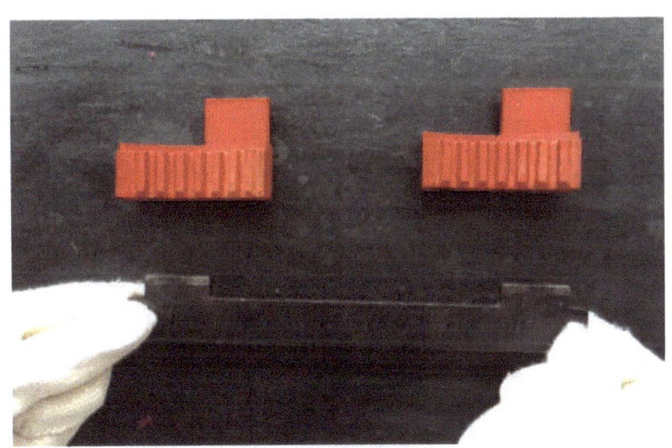

□ 选取专用工具凸轮轴锁止工具套件（EN-6340、EN-6628-A、EN-6625）

□ 使进气凸轮轴位置执行器调节器上的点形标记与 EN-6340 锁止工具上的凹槽相对应

□ 使排气凸轮轴位置执行器调节器上的点形标记与 EN-6340 锁止工具上的凹槽相对应

□ 安装专用工具 EN-6628-A 凸轮轴锁止工具，将其插入两个凸轮轴槽口内

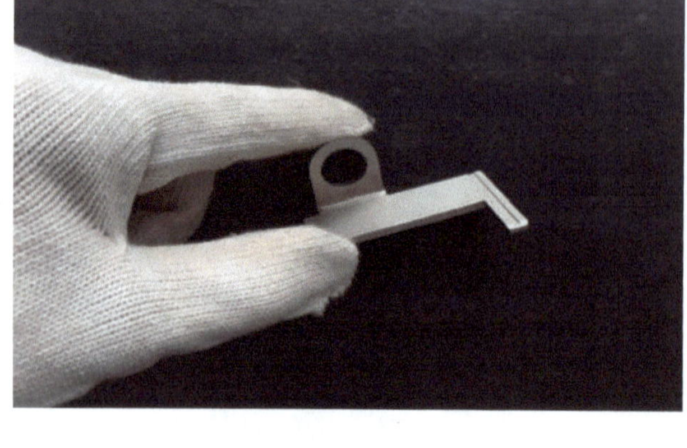

□ 选取专用工具 KM-6625 飞轮固定工具

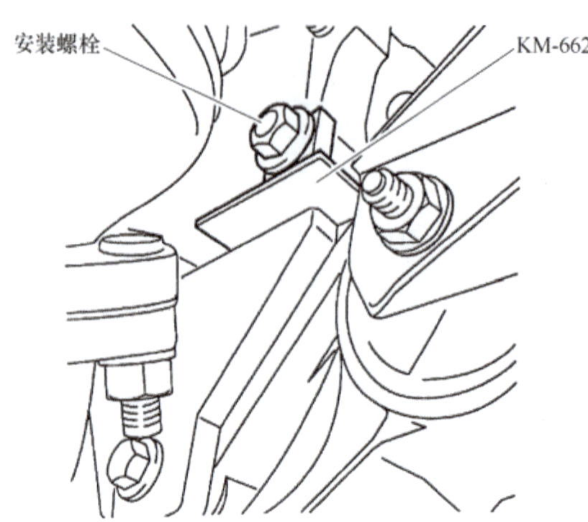

□ 将专用工具 KM-6625 飞轮固定工具安装在发动机气缸体上，锁止飞轮

□ 用漆笔做好进气侧与排气侧凸轮轴调节器的标记

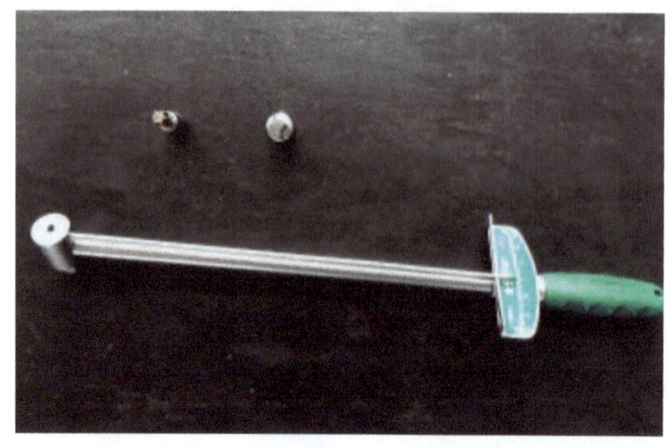

□ 选取指示式扭力扳手、短接杆、内六角套筒，将其组合

☐ 利用组合工具拆卸 2 个凸轮轴调节器封闭螺栓

☐ 取下凸轮轴调节器封闭螺栓和凸轮轴调节器

☐ 拆卸 EN-6340 专用工具

☐ 拆卸 EM-6628-A 凸轮轴锁止工具

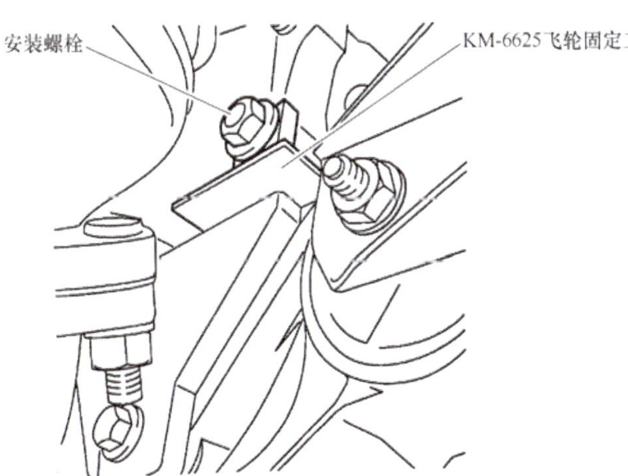

☐ 拆卸 KM-6625 飞轮固定工具

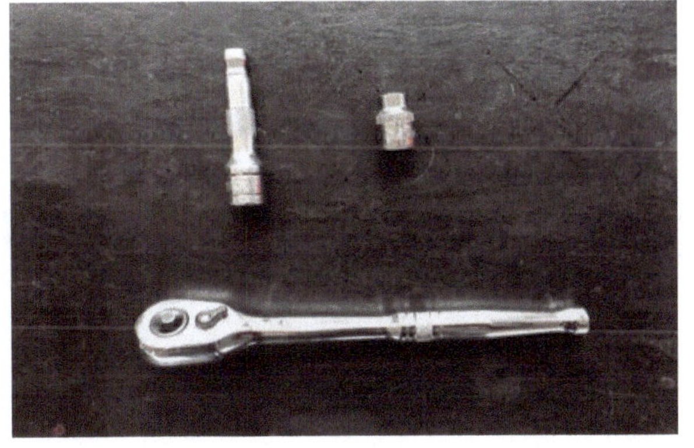

☐ 选取 9.5mm 棘轮扳手、短接杆、8mm 短套筒，将其组合

□ 利用组合工具，拆卸 4 个正时传动带后盖螺栓
□ 取下正时传动带后盖螺栓和正时传动带后盖

（3）拆卸凸轮轴轴承支架

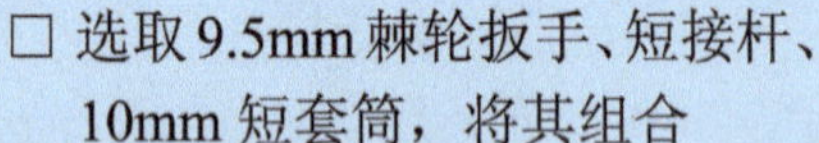

□ 选取 9.5mm 棘轮扳手、短接杆、10mm 短套筒，将其组合

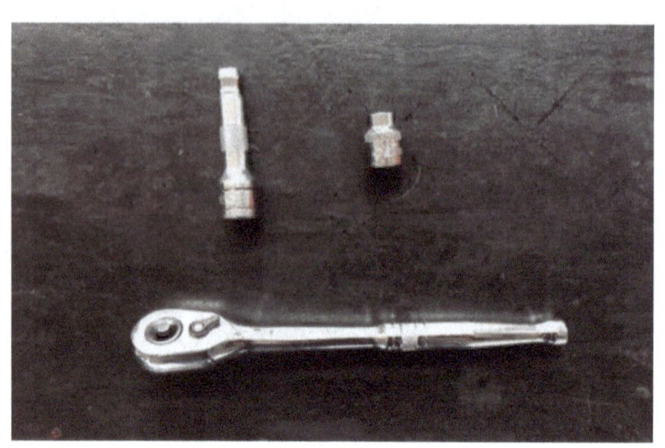

□ 利用组合工具，按一定顺序拆卸凸轮轴轴承支架的 4 个螺栓
□ 利用组合工具拆卸左右 2 个凸轮轴位置执行器电磁阀的螺栓

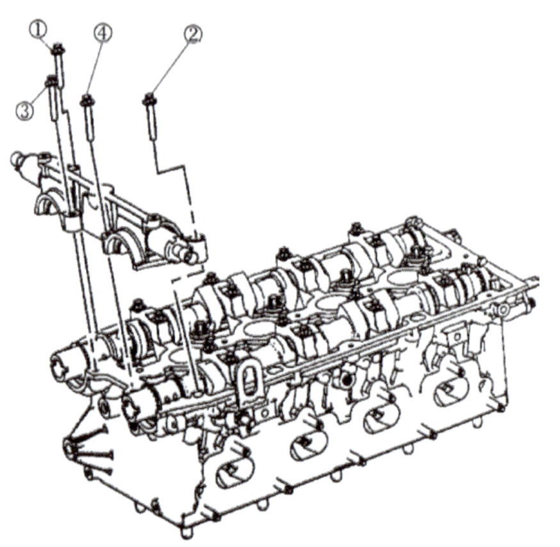

□ 取下左右 2 个凸轮轴位置执行器电磁阀与螺栓
□ 取下凸轮轴轴承支架螺栓

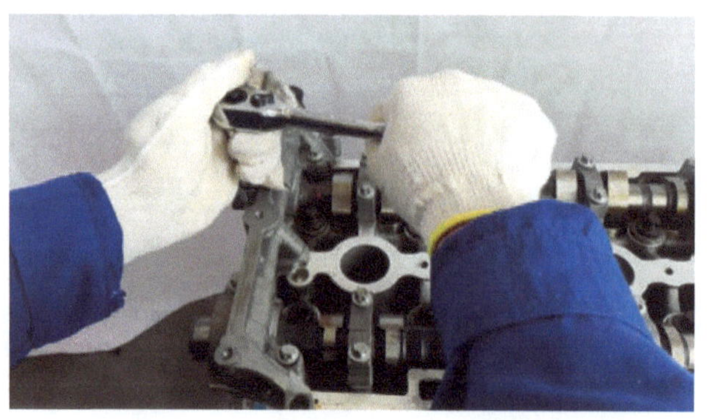

□ 用塑料锤轻轻敲击凸轮轴轴承支架将其释放

□ 取下凸轮轴轴承支架

（4）拆卸凸轮轴密封圈

□ 取下进排气凸轮轴的密封圈

（5）拆卸排气侧凸轮轴

□ 拆卸前，做好凸轮轴轴承盖标记

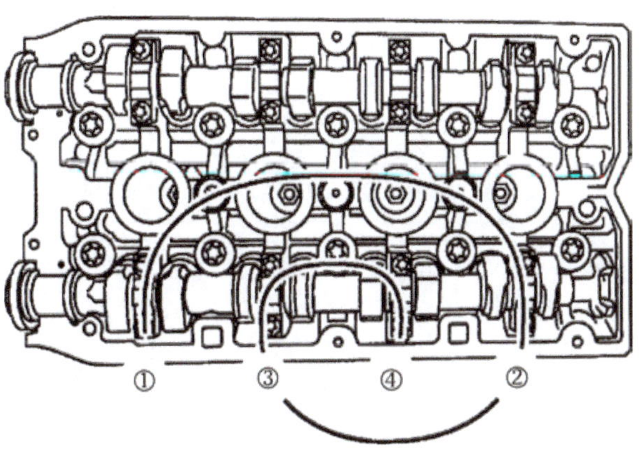

□ 按照一定顺序拆卸排气侧凸轮轴轴承盖

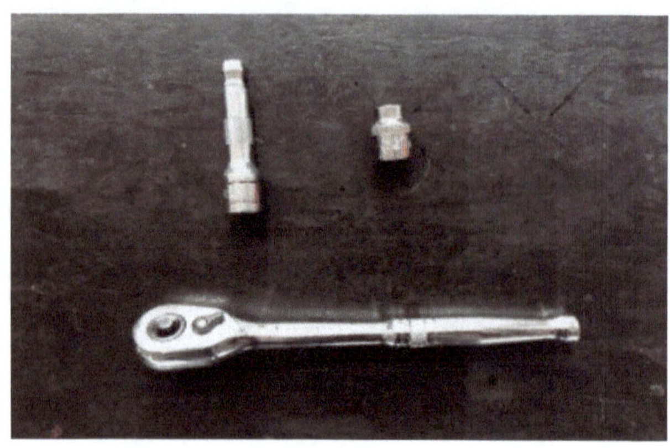

☐ 选用9.5mm棘轮扳手、短接杆、8mm短套筒，将其组合

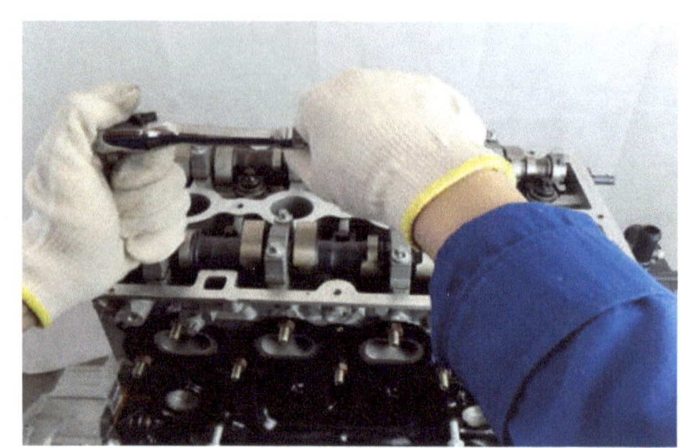

☐ 利用组合工具以1/2～1圈的步调，从外向内以螺旋方式松开排气侧凸轮轴轴承盖上的8个螺栓

☐ 取下排气侧凸轮轴轴承盖与螺栓

☐ 取下排气侧凸轮轴

注意螺栓不能互换使用

（6）拆卸进气侧凸轮轴

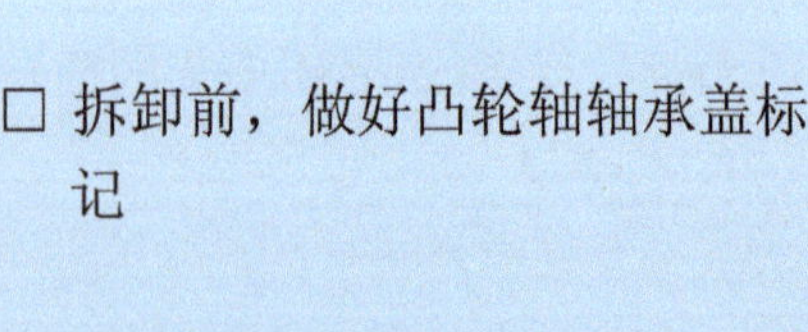

☐ 拆卸前，做好凸轮轴轴承盖标记

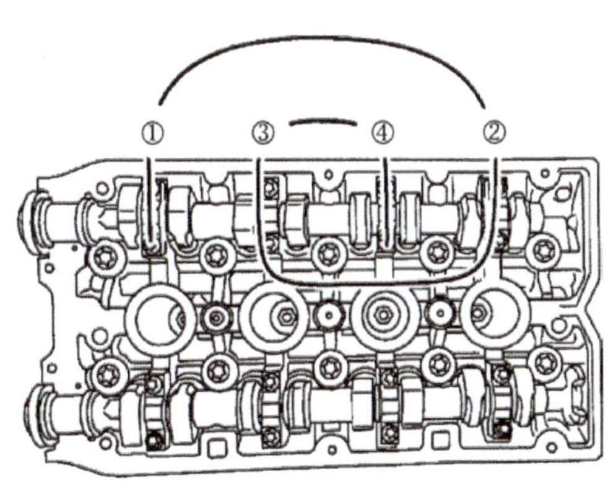

□ 用记号笔标注进气侧凸轮轴轴承盖拆卸的先后顺序

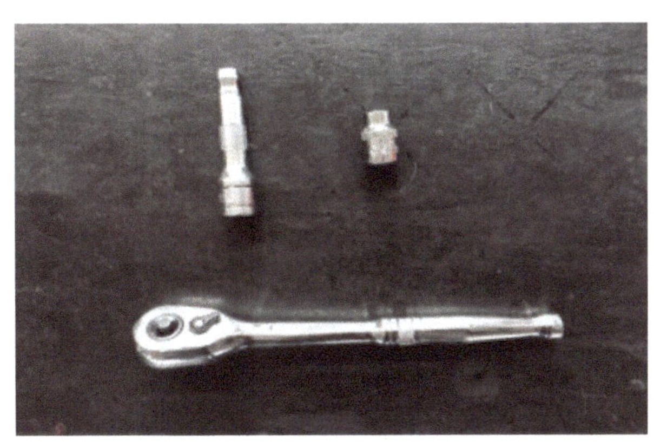

□ 选用9.5mm棘轮扳手、短接杆、8mm短套筒，将其组合

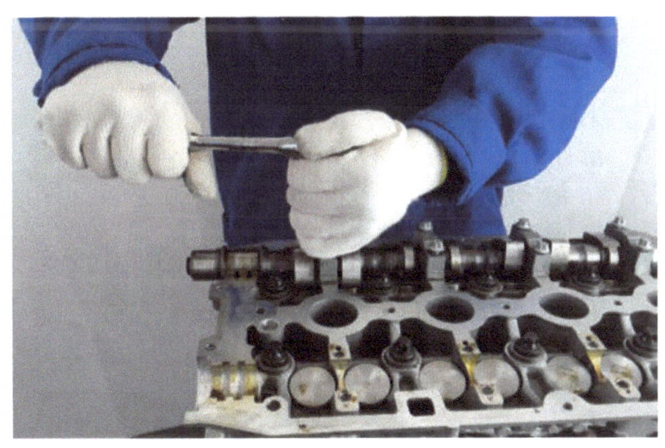

□ 利用组合工具，以1/2～1圈的步调，从外向内以螺旋方式松开8个进气侧凸轮轴轴承盖螺栓

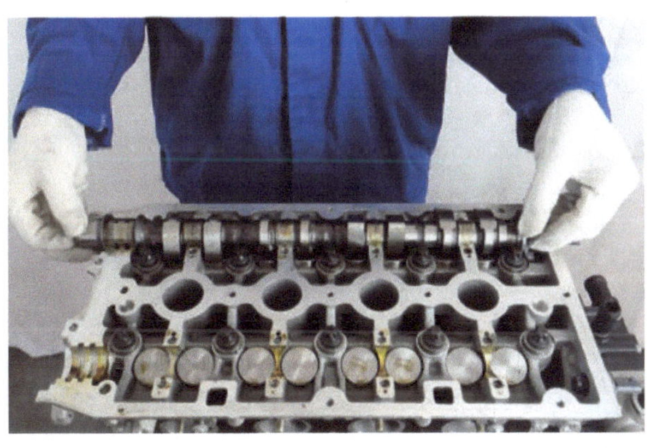

□ 取下进气侧凸轮轴轴承盖与螺栓

□ 取下进气侧凸轮轴

注意螺栓不能互换使用

□ 将拆卸后的部件，按照一定的顺序整齐放入零件盒内

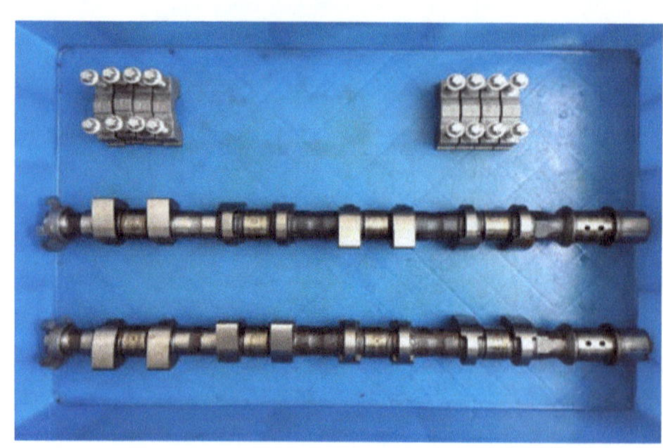

（7）拆卸气缸盖

□ 选取指示式扭力扳手、短接头、10mm 短套筒，将其组合

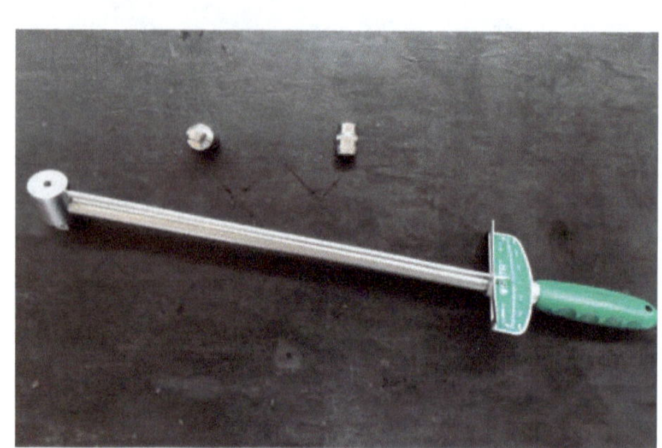

□ 利用组合工具按照如图所示顺序拆卸气缸盖螺栓

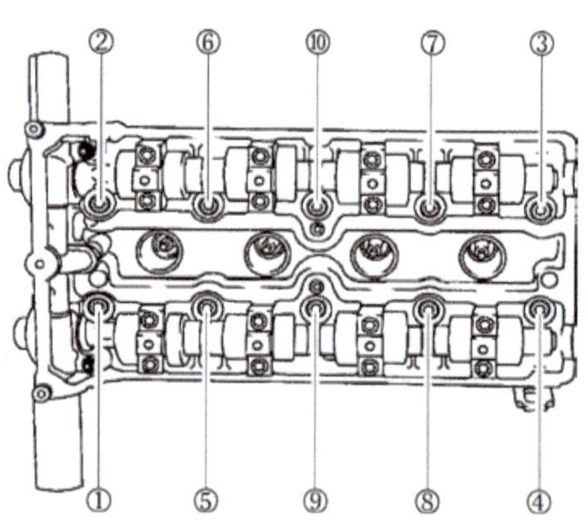

□ 利用组合工具，分两次拆卸 10 个气缸盖螺栓：第一次松开螺栓，旋转至 90°；第二次松开螺栓，旋转至 180°

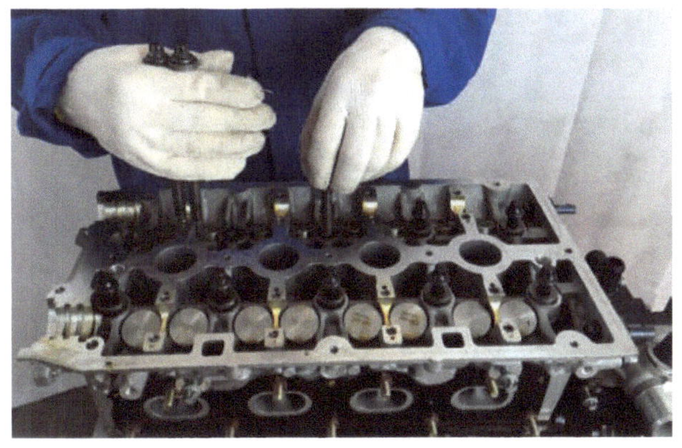

□ 按一定顺序，取下气缸盖螺栓

（8）拆卸气门挺柱

□ 拆卸前，用漆笔做好进排气侧的气门挺柱位置标记，各气门挺柱位置不能互换

□ 利用 EN-845 吸油设备拆下 16 个气门挺柱

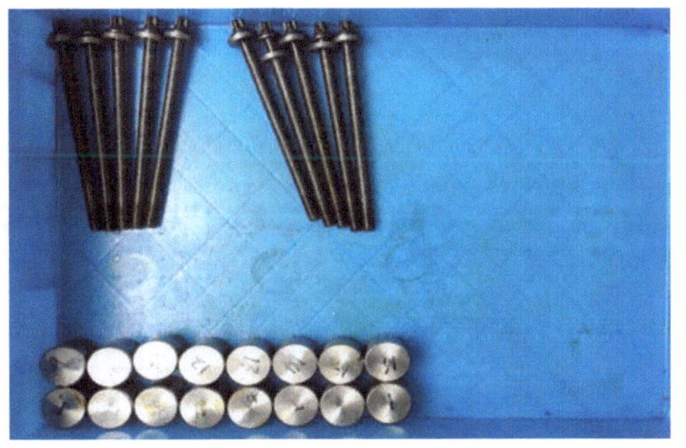

□ 将拆卸下的部件，按一定顺序整齐放入零件盒内

（9）拆卸气缸盖密封圈

□ 取下气缸盖，将其放置在一个水平的基座上

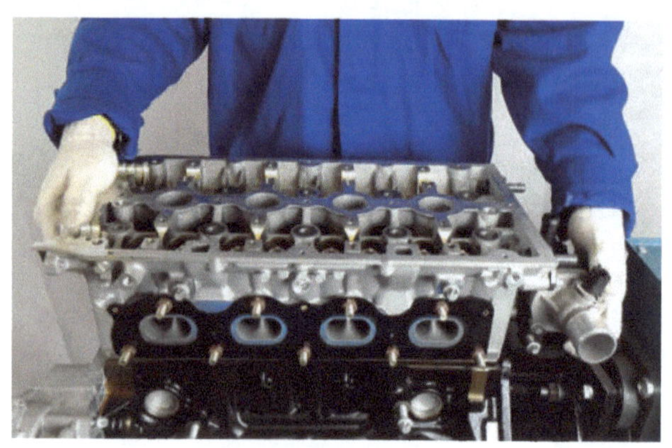

□ 取下气缸盖垫圈

4. 遇到困惑

（1）什么是发动机气缸盖？

气缸盖是结构复杂的箱形零件。其上加工有进、排气门座孔，气门导管孔，火花塞安装孔（汽油机）或喷油器安装孔。

在气缸盖内还铸有水套、进排气道和燃烧室或燃烧室的一部分。若凸轮轴安装在气缸盖上，则气缸盖上还加工有凸轮轴轴承孔或凸轮轴轴承座及其润滑油道。

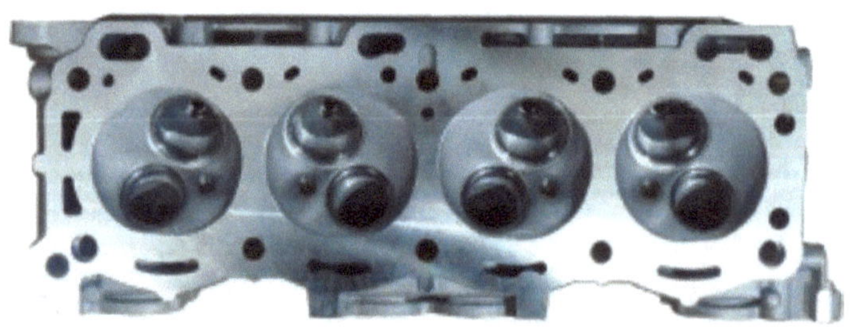

（2）气缸盖有什么作用？

气缸盖的作用是密封气缸，与活塞共同形成燃烧空间，并承受高温、高压燃气的作用。气缸盖承受气体压力和紧固气缸螺栓所造成的机械负荷，同时还由于与高温燃气接触而承受很高的热负荷。

为了保证气缸的良好密封，气缸盖既不能损坏，也不能变形，为此，气缸盖应具有足够的强度和刚度。

（3）气缸盖实际安装在什么位置？

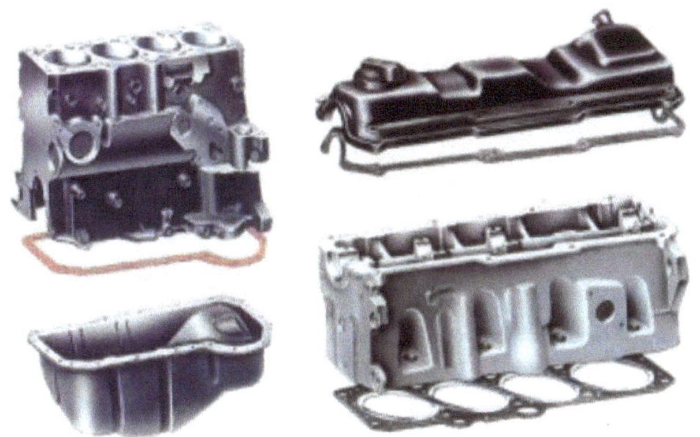

在实车上，找到气缸盖的实际安装位置。

5. 任务深入

（1）检查气缸盖

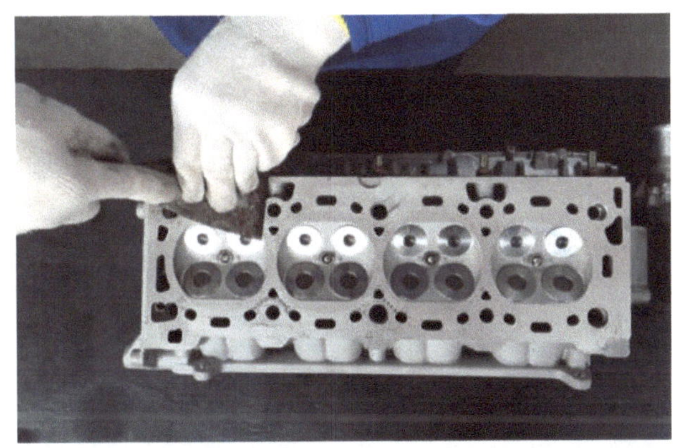

□ 用铲刀清除气缸盖表面的油污、积炭

□ 检查气缸盖表面是否有腐蚀、沙眼、窜气孔、裂纹等

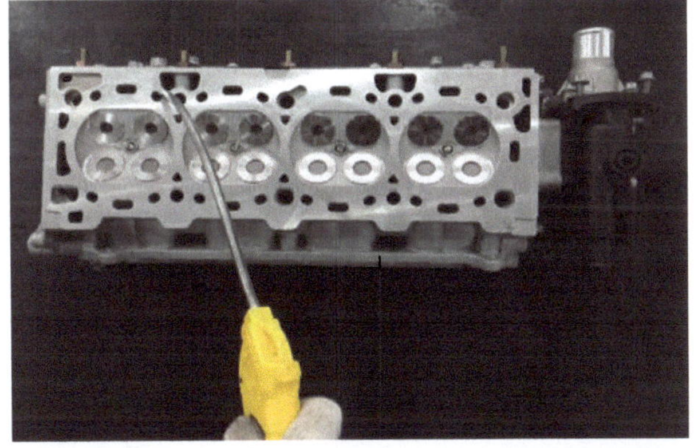

□ 用气枪清除气缸盖机油管中所有的密封胶残余物

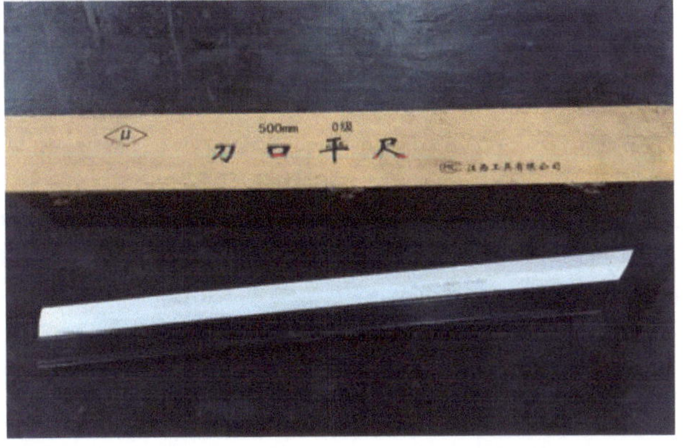

□ 选用专用工具刀口平尺。使用前，先用软布清洁刀口平尺表面灰尘

☐ 将刀口平尺平放在气缸盖密封表面水平方向，用塞尺测量平面度误差，以检查是否有变形

☐ 将刀口平尺平放在气缸盖密封表面对角方向，用塞尺测量平面度误差，以检查是否有变形

☐ 将刀口平尺平放在气缸盖密封表面垂直方向，用塞尺测量平面度误差，以检查是否有变形

检查结果：________________

____

采取措施：________________

____

(2) 检查气缸体

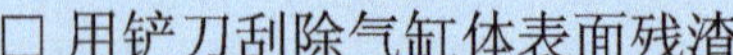

☐ 用铲刀刮除气缸体表面残渣

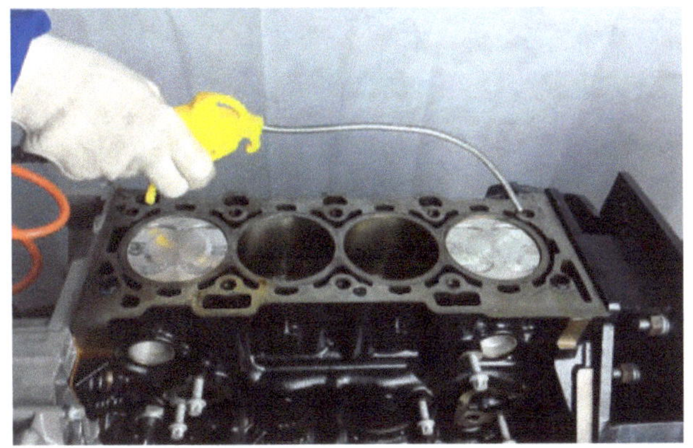

□ 用气枪清除各润滑管道里面的杂物与污物

□ 将刀口平尺平放在气缸体安装工作面水平方向，用塞尺测量平面度误差，以检查是否有变形

□ 将刀口平尺平放在气缸体安装工作面对角方向，用塞尺测量平面度误差，以检查是否有变形

□ 将刀口平尺平放在气缸体安装工作面垂直方向，用塞尺测量平面度误差，以检查是否有变形

检查结果：________________

____

采取措施：________________

____

（3）检查气缸盖螺栓

□ 用毛刷清洁各个气缸盖螺栓表面与螺纹啮合处的污物

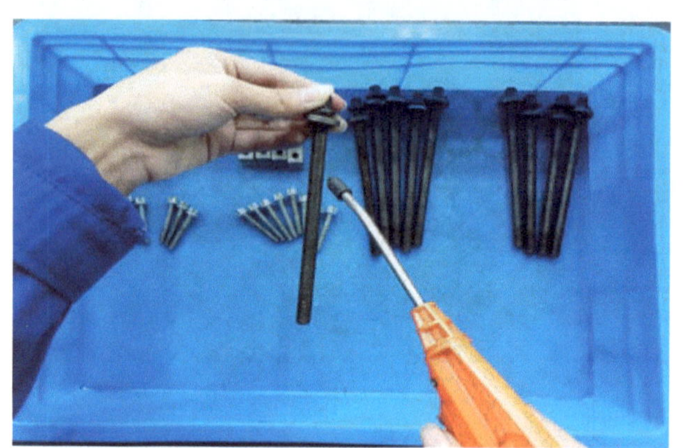

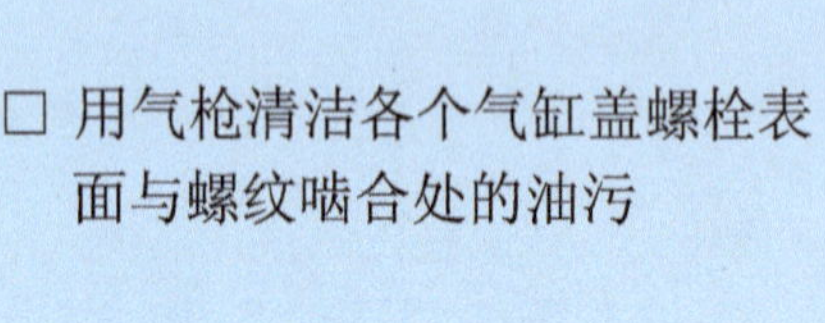

□ 用气枪清洁各个气缸盖螺栓表面与螺纹啮合处的油污

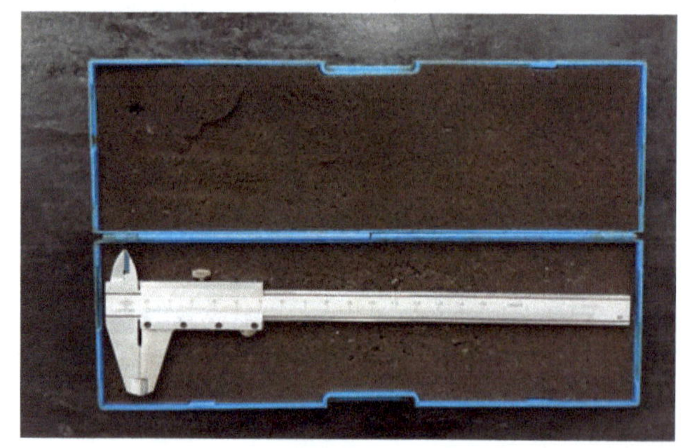

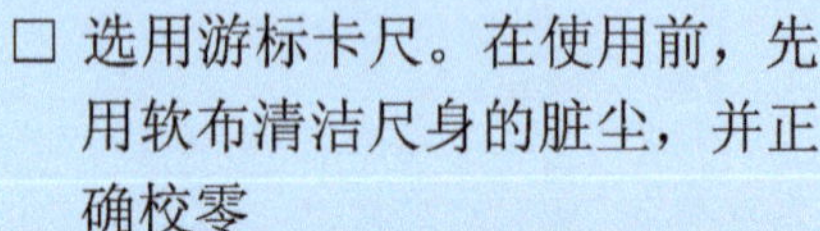

□ 选用游标卡尺。在使用前，先用软布清洁尺身的脏尘，并正确校零

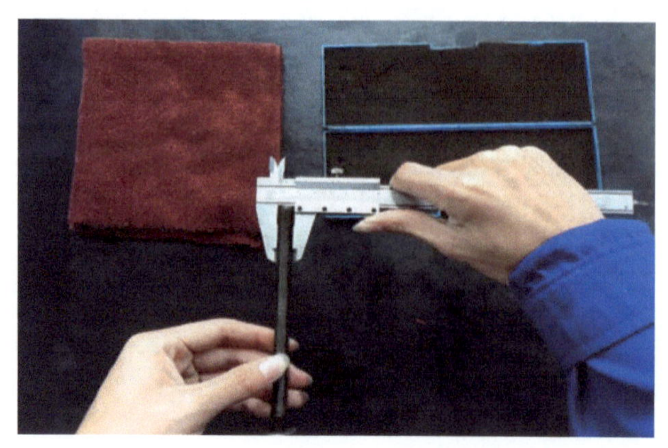

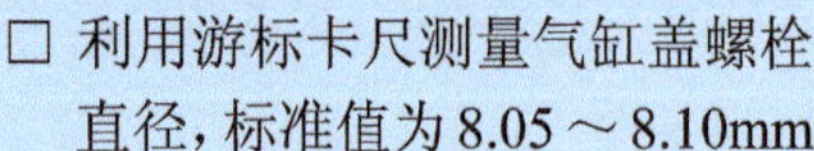

□ 利用游标卡尺测量气缸盖螺栓直径，标准值为 8.05～8.10mm

测量结果：________________

____

采取措施：__________

____

（4）检查凸轮轴

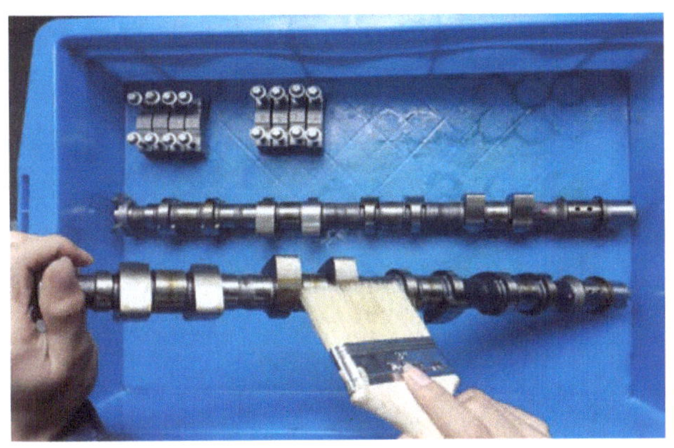

□ 利用毛刷清洁进排气凸轮轴表面脏尘，并检查是否有烧蚀、裂纹、破损现象

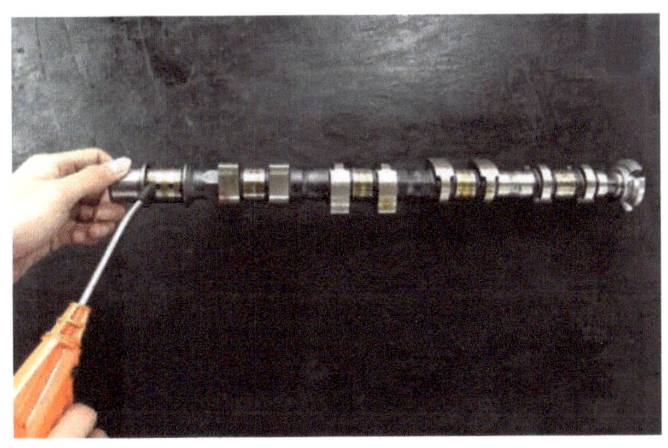

□ 利用气枪清除凸轮轴表面油污

（5）检查凸轮轴轴承盖

□ 利用毛刷清除凸轮轴轴承盖表面脏尘，并检查是否有烧蚀、裂纹、破损现象

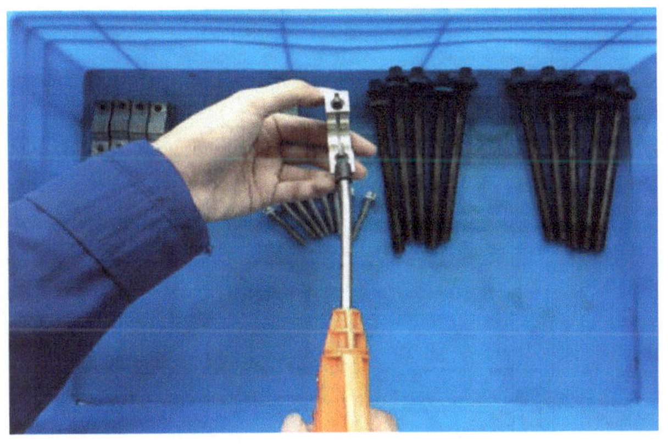

□ 利用气枪清除凸轮轴轴承盖表面与安装孔的油污

(6) 检查凸轮轴轴承支架

□ 用毛刷清洁凸轮轴轴承支架表面的油污、杂物、脏尘

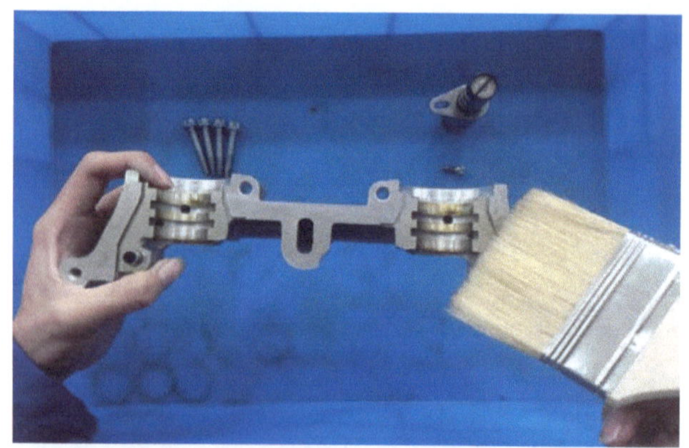

□ 用气枪清除凸轮轴轴承支架的凹槽处与机油管中所有的密封胶残余物

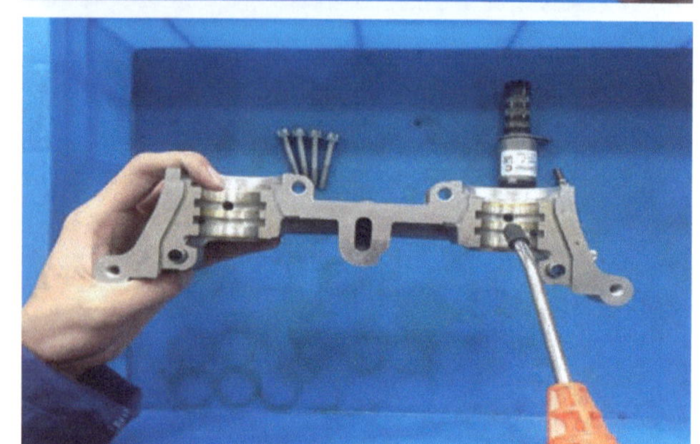

6. 任务突出

(1) 安装气缸盖垫圈

□ 选取新的气缸盖垫圈。新气缸垫圈必须是符合要求、质量可靠的原厂配件

□ 要注意气缸盖垫圈的安装方向，基本原则是卷边朝向易修整的接触面或硬平面

(2) 安装气缸盖

□ 安装前，气缸盖应该做好全面清洁

□ 将气缸盖置于合适的工作位置

□ 将气缸盖螺栓按顺序置于气缸盖螺栓孔内

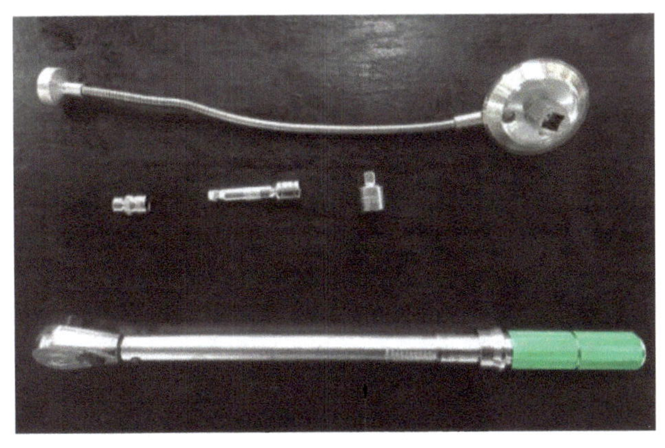

□ 选取扭力扳手、短接头、10mm短套筒、EN-45059传感组件，将其组合

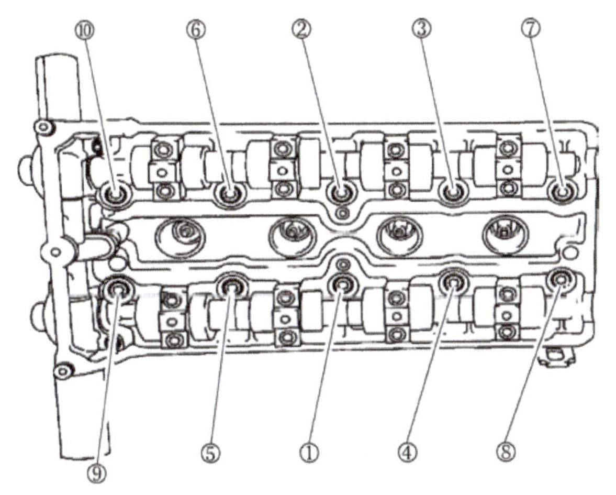

□ 按照如图所示顺序拧紧气缸盖螺栓

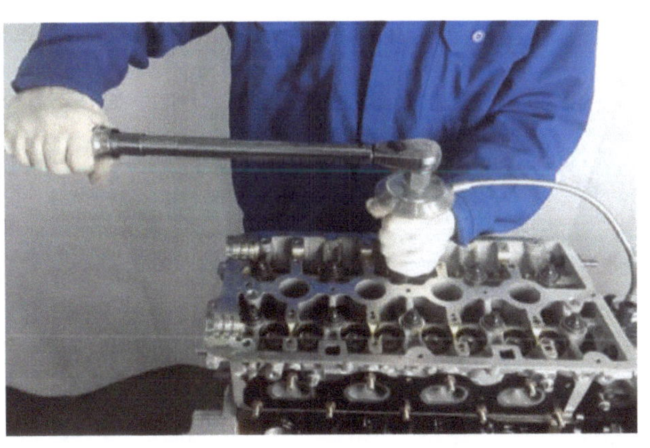

□ 利用组合工具分五次拧紧气缸盖螺栓：第一次紧固至25N·m；第二次拧转90°；第三次拧转90°；第四次拧转90°；第五次拧转45°

(3) 安装气门挺柱

□ 用新的发动机机油涂抹滑动面，按正确顺序安装气门挺柱

(4) 安装排气凸轮轴

□ 在安装部位涂抹 MOS2 润滑剂
□ 安装排气凸轮轴

注意将排气侧凸轮轴尾部缺口朝上，1 缸凸圆朝外

□ 按照凸轮轴轴承盖上的识别标记正确安装 6 ～ 9 号凸轮轴轴承盖
□ 手动旋转螺栓一圈以上使其正确进入螺栓孔

注意凸轮轴轴承盖编号不要弄错

□ 选取预置式扭力扳手、短接杆、8mm 短套筒，将其组合

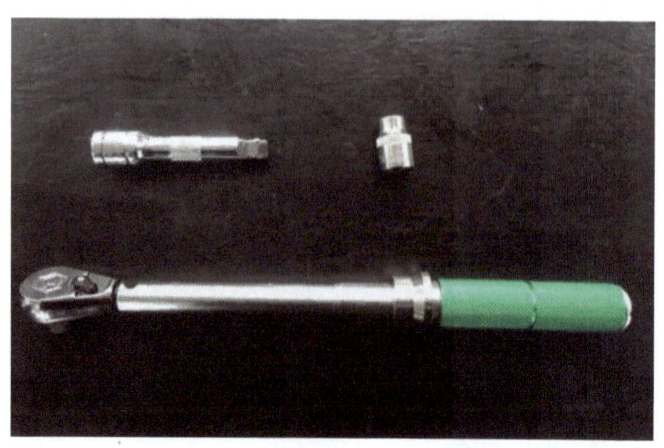

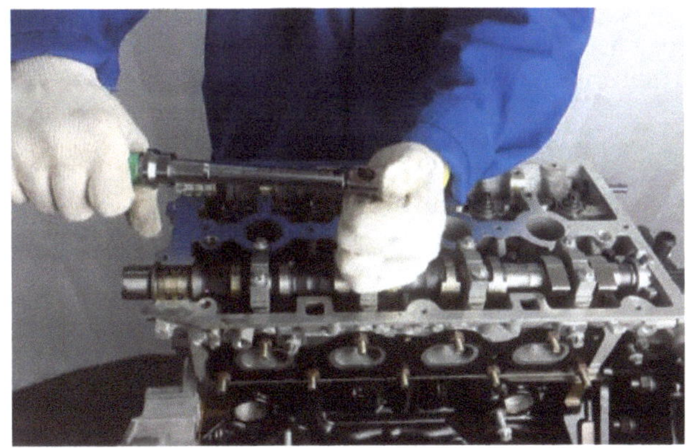

□ 利用组合工具安装 6 ～ 9 号凸轮轴轴承盖的 8 个螺栓

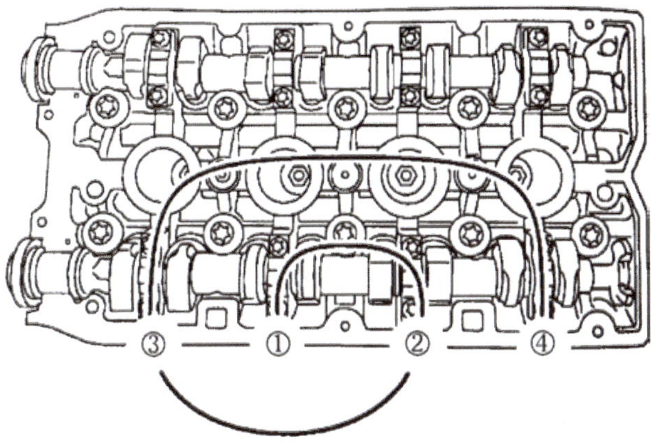

□ 安装时，从内向外以螺旋方式紧固至 8N · m

（5）安装进气凸轮轴

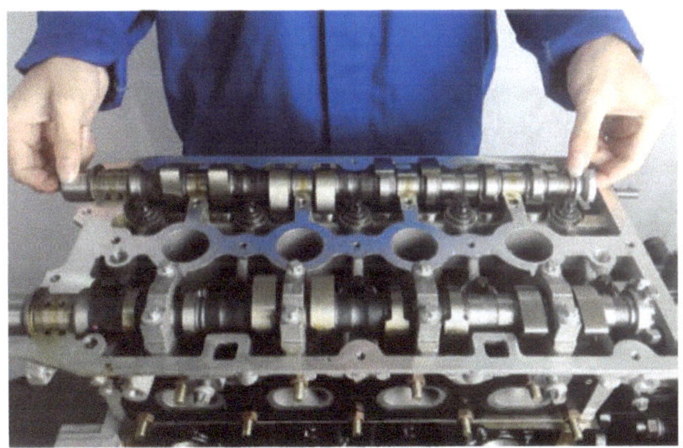

□ 在安装部位涂抹 MOS2 润滑剂

□ 安装进气凸轮轴

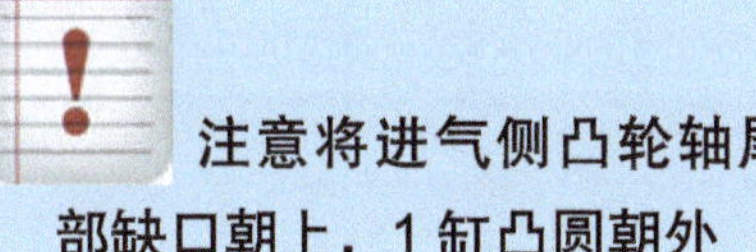

注意将进气侧凸轮轴尾部缺口朝上，1 缸凸圆朝外

□ 按照凸轮轴轴承盖上的识别标记正确安装 2 ～ 5 号凸轮轴轴承盖

□ 手动旋转螺栓一圈以上使其正确进入螺栓孔

注意凸轮轴轴承盖编号不要弄错

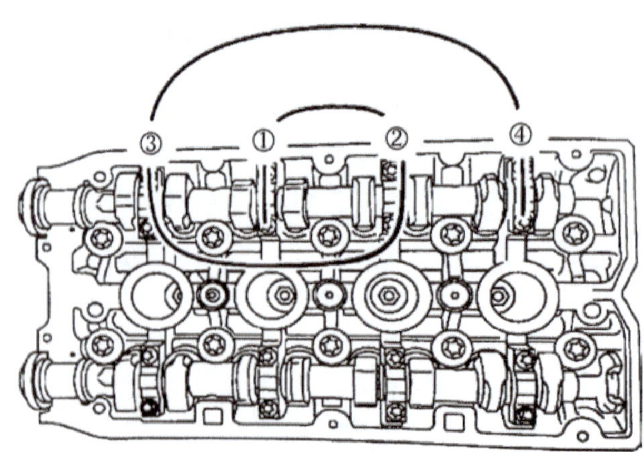

□ 利用组合工具安装 2 ～ 5 号凸轮轴轴承盖的 8 个螺栓，并从内向外以螺旋方式紧固至 8N • m

□ 安装新的进气凸轮轴密封圈

（6）安装凸轮轴轴承支架

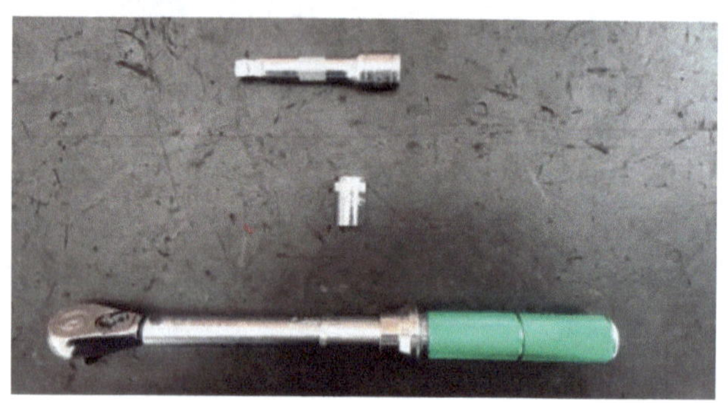

□ 选取预置式扭力扳手、短接杆、10mm 短套筒，将其组合

安装前，应在密封面薄而均匀地涂上表面密封剂

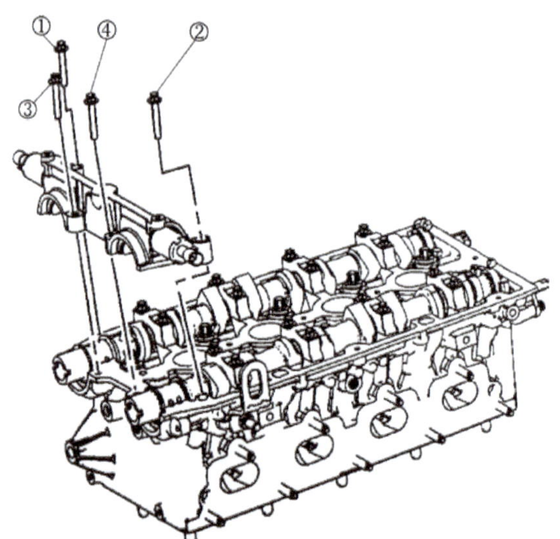

□ 利用组合工具，按一定顺序将凸轮轴轴承支架的 4 个螺栓紧固至 8N • m

（7）整理工位

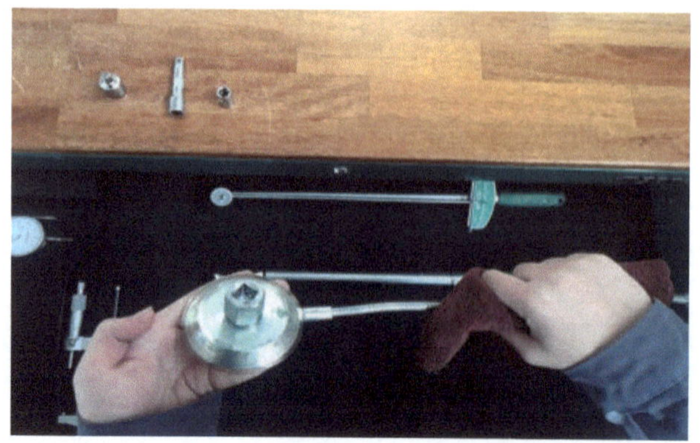

□ 整理所使用工具、量具、实训设备，用软布擦拭工量具表面脏尘，做好工量具与相关设备的维护工作

7. 任务评价

认真填写实训项目工单。

实训项目工单

<table>
<tr><td>姓名</td><td></td><td>故障车型</td><td></td><td>行驶里程</td><td></td></tr>
<tr><td>完成时间</td><td colspan="3"></td><td>成绩</td><td></td></tr>
<tr><td>项目名称</td><td colspan="5">气缸盖检修</td></tr>
<tr><td>任务目的</td><td colspan="5">1. 掌握汽车气缸盖各部件的检修内容。
2. 能正确、规范地完成汽车气缸盖的检修操作流程。</td></tr>
<tr><td colspan="6">任务准备</td></tr>
<tr><td>必要的理论知识要点</td><td colspan="5">1. 简述汽车气缸盖的功用。
______
______
2. 汽车气缸盖有什么结构特征？找出各部件的实际安装位置。
______
______</td></tr>
<tr><td>所涉及的实训工具</td><td colspan="5"></td></tr>
<tr><td colspan="6">任务反馈</td></tr>
<tr><td rowspan="11">分项检查操作情况</td><td>检查项目</td><td colspan="2">正常打√，异常打×</td><td colspan="2">异常原因分析（主要）</td></tr>
<tr><td>步骤 1</td><td colspan="2">□ 前期基本检查到位</td><td colspan="2">关键部位检查存在缺失</td></tr>
<tr><td>步骤 2</td><td colspan="2">□ 能正确选用工具</td><td colspan="2">工具选用错误</td></tr>
<tr><td>步骤 3</td><td colspan="2">□ 能规范地完成正时传动带后盖拆卸</td><td colspan="2">拆装操作不规范</td></tr>
<tr><td>步骤 4</td><td colspan="2">□ 能规范地拆卸凸轮轴</td><td colspan="2">拆装操作不规范</td></tr>
<tr><td>步骤 5</td><td colspan="2">□ 能规范地拆卸气缸盖</td><td colspan="2">拆装操作不规范</td></tr>
<tr><td>步骤 6</td><td colspan="2">□ 对气缸盖检修规范，项目到位</td><td colspan="2">检修项目不全面，存在缺失</td></tr>
<tr><td>步骤 7</td><td colspan="2">□ 对气缸体检修规范，项目到位</td><td colspan="2">检修项目不全面，存在缺失</td></tr>
<tr><td>步骤 8</td><td colspan="2">□ 对凸轮轴检修规范，项目到位</td><td colspan="2">检修项目不全面，存在缺失</td></tr>
<tr><td>步骤 9</td><td colspan="2">□ 正确安装气缸盖</td><td colspan="2">安装操作不规范，顺序错误</td></tr>
<tr><td>步骤 10</td><td colspan="2">□ 各拆装工具能正确使用</td><td colspan="2">操作方法错误</td></tr>
<tr><td>归纳该项目操作要点</td><td colspan="5">在进行气缸盖拆装操作时，应注意哪些操作要点？（写出 3 条以上）
______
______</td></tr>
<tr><td colspan="6">任务评价</td></tr>
<tr><td rowspan="5">学生自我评价（40%）</td><td>项目</td><td>得分</td><td>项目</td><td colspan="2">得分</td></tr>
<tr><td>A：任务实施 10 分</td><td></td><td>B：课堂纪律 10 分</td><td colspan="2"></td></tr>
<tr><td>C：质量反馈 5 分</td><td></td><td>D：小组协作 5 分</td><td colspan="2"></td></tr>
<tr><td>E：安全操作 5 分</td><td></td><td>F：7S 应用 5 分</td><td colspan="2"></td></tr>
<tr><td colspan="3">认为该改善的项目是______</td><td colspan="2">您的得分：______</td></tr>
</table>

（续）

小组评价（20%）	☐ 优秀（计 20 分） ☐ 良好（计 15 分） ☐ 及格（计 10 分） ☐ 不合格（计 0 分） 您的得分：________
实训小结（20%）（学生填写）	（说说自身的收获） 您的得分：________
教师点评（20%）	（对你的课堂表现） 您的得分：________
总分	
企业家点评	汽车发动机漏油是一种常见的故障，会导致机油不足，使发动机受损，主要原因有油底壳衬垫损坏、正时齿轮盖衬垫装配不当或损坏、螺栓松动、发动机支架板变形、衬垫密封不严、气门室盖衬垫密封不严等。

拓展迁移

1. 模拟相似故障，根据维修资料排除大众帕萨特轿车气缸盖的故障。

2. 结合实车，观察上海通用雪佛兰科鲁兹轿车与大众帕萨特轿车的气缸盖在维护方面有什么不同之处。

气门组检修

学习目标

1. 能说出气门组的作用、部件组成及实际安装位置。
2. 能正确地记录气门组主要部件的检修内容及要点。
3. 能规范地完成气门组的检修操作流程。
4. 能自觉地遵守7S实训管理的纪律要求。

任务实施操作视频

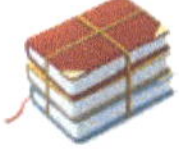

项目导读

气门组检修是汽车发动机检修的典型项目之一。气门组的主要损坏形式有划痕、积炭、变形、开裂等，它会使汽车发动机产生故障，导致车辆动力不足、漏油、抖动。遇到此类问题时，作为汽车机修工，我们首先应对气门组的作用、结构组成、工作过程等基础知识有一定的了解，并掌握一些维修工具的名称及使用方法，按照科学、合理的检修流程，完成检修工作。

学时建议

6学时。其中，气门组检修的操作流程教学（即任务深入环节与任务突出环节）是重点，也是难点，4学时。

资料收集

思考: 汽车气门组有什么作用？如何拆装气门组？在此次检修过程中，需要哪些工具？

1. 认识立体化教材

立体化教材是指通过整合各种教学资源，运用多种教学手段，按照先进的一体化思路设计的适合于多元化教学应用的一种新型教学方案，它主要是指教学配套资源，包括主教材、CAI课件等。能在一定程度上弥补传统教材的不足，提供有益的教学平台，解决专业教师缺乏实践经验的矛盾，还能在一定程度上丰富中职学校可利用的教育资源，尽可能拉近中职学校教育教学与企业岗位要求的距离。

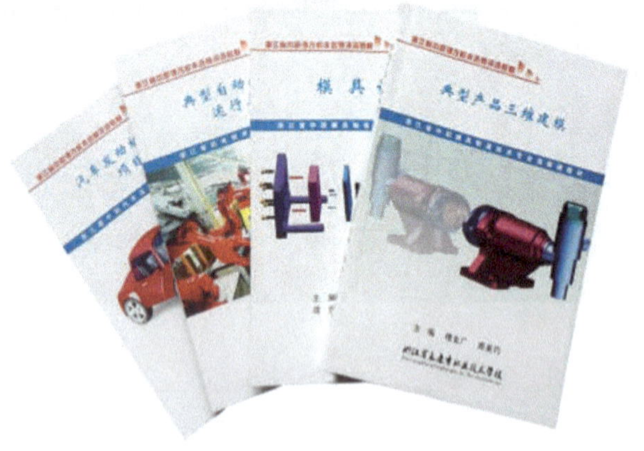

立体化教材

你知道吗？说说以下工具的名称。

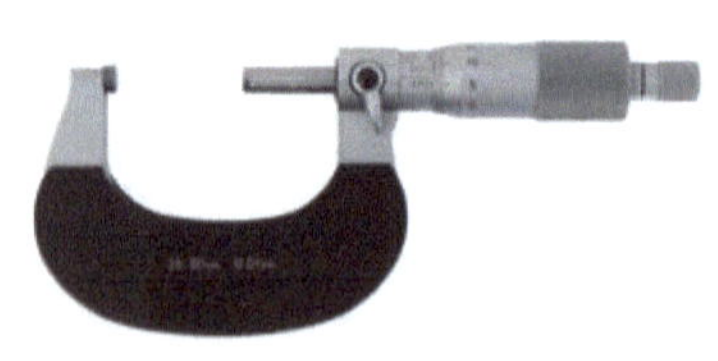

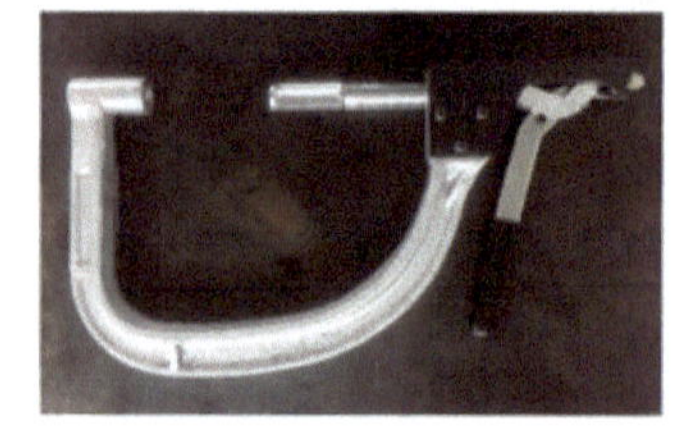

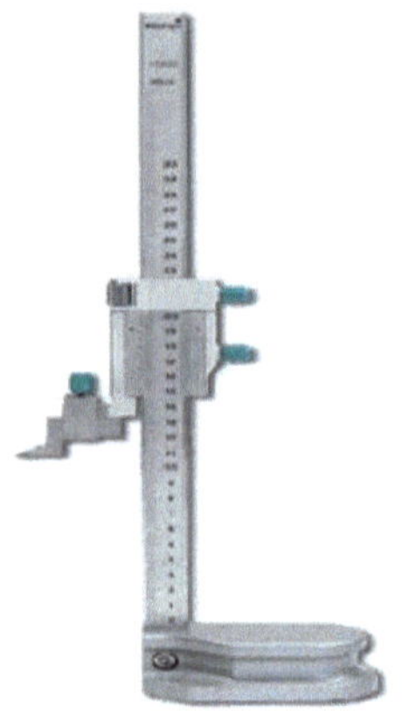

______________ ______________ ______________

2. 教学实施准备

汽车发动机台架固定情况检查

7S 实训管理风采：岗前“训示”安全事项

活动展开

1. 问题情境

今天上午，接待一辆2010年生产的雪佛兰科鲁兹故障轿车，行驶里程12.541万km，用户反映发动机抖动明显，伴随着异常噪声，加速乏力，望予以排除

试车后发现，车辆加速后抖动明显，发动机机体处确实有污物，有漏油迹象，需要进一步检查

导致汽车发动机气门系统有异常噪声的原因：

____

____

____

____

2. 任务准备

（1）信息登记

对照实训项目工单，记录维修车辆的基本信息。

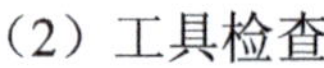

（2）工具检查

检查与登记拆装所用工量具，标注：

□ 缺失：________________

□ 损坏：________________

□ 失准：________________

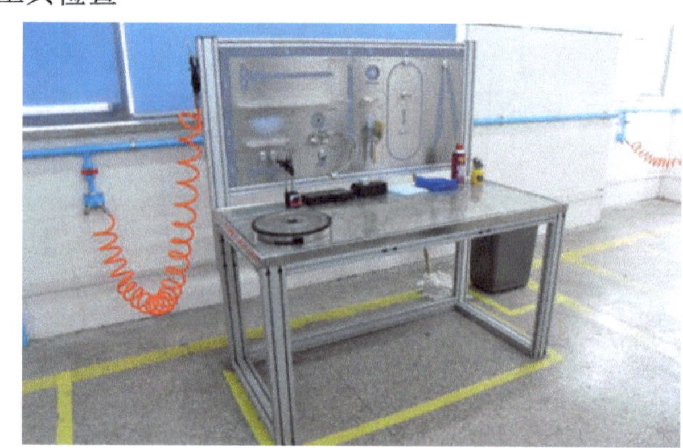

（3）进入工位

进入工位，我们应该：

□ 穿戴好工作服

□ 操作安全自检

□ 准备所涉及的维修工量具

□ 工量具检查

□ 整理工量具

（待完成后，在相应方框内打√，以此类推）

3. 任务引入

（1）基本检查

□ 检查发动机台架安全固定情况

□ 检查台架转动是否顺畅

（2）拆卸凸轮轴轴承支架

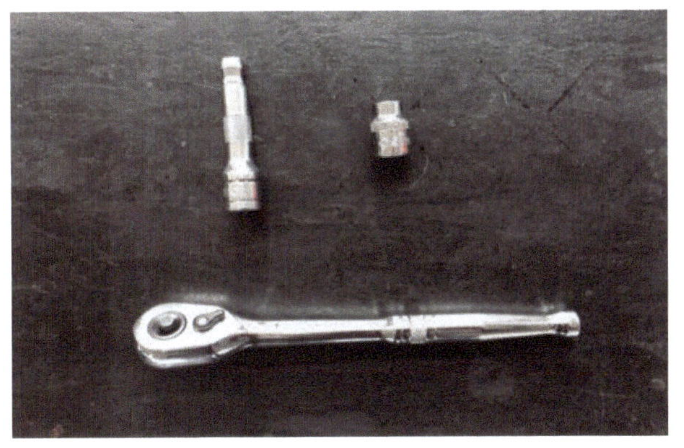

□ 选取 9.5mm 棘轮扳手、短接杆、短套筒 E10，将其组合

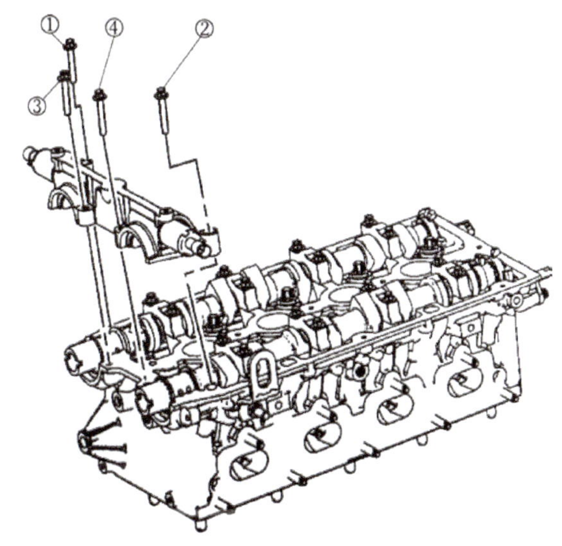

□ 利用组合工具，按左图所示顺序拆卸凸轮轴轴承支架上的 4 个螺栓

□ 利用组合工具拆卸左右 2 个凸轮轴位置执行器电磁阀上的螺栓

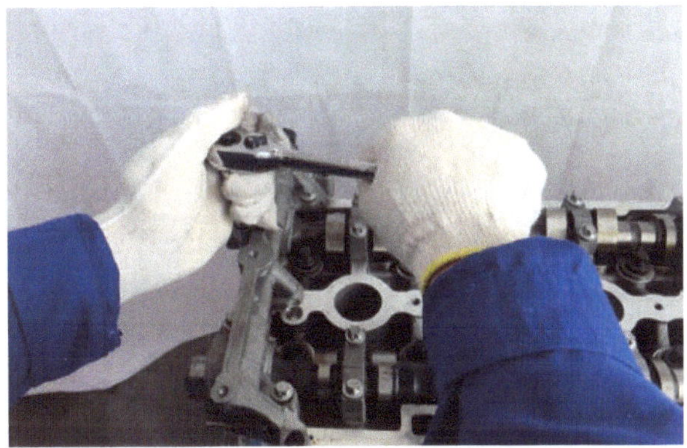

□ 取下左右 2 个凸轮轴位置执行器电磁阀与螺栓

□ 取下凸轮轴轴承支架螺栓

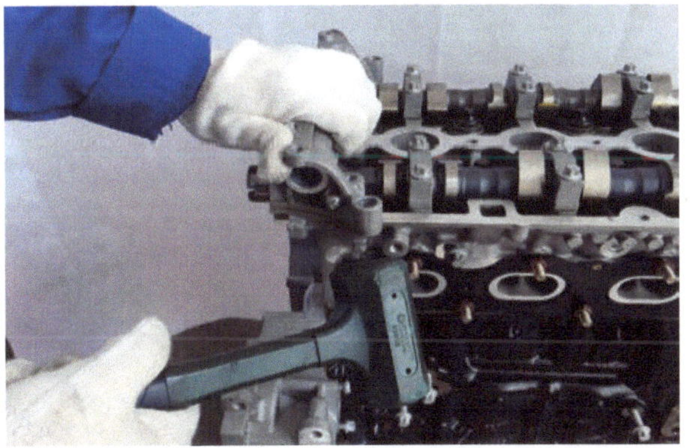

□ 用塑料锤轻轻敲击凸轮轴轴承支架将其释放

□ 取下凸轮轴轴承支架

(3) 拆卸凸轮轴密封圈

□ 取下进排气凸轮轴的密封圈

(4) 拆卸排气侧凸轮轴

□ 拆卸前，做好凸轮轴轴承盖标记

□ 按照一定顺序拆卸排气侧凸轮轴轴承盖

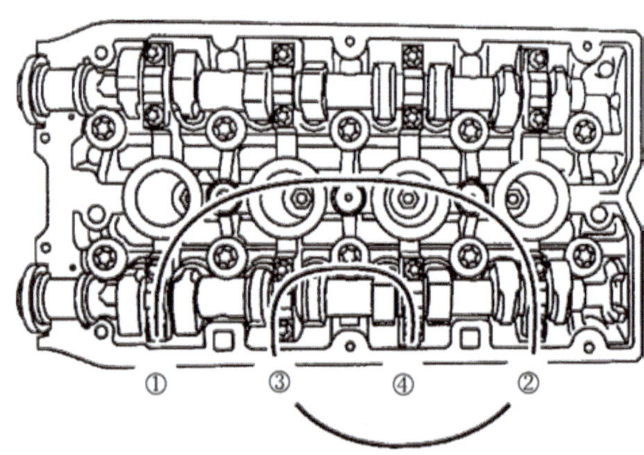

□ 选用9.5mm棘轮扳手、短接杆、短套筒E10，将其组合

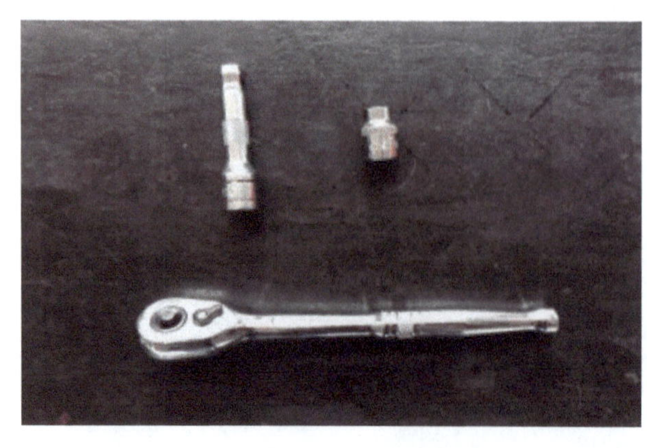

□ 利用组合工具以 1/2 ～ 1 圈的步调，从外向内以螺旋方式松开排气侧凸轮轴轴承盖的 8 个螺栓

□ 取下排气侧凸轮轴轴承盖与螺栓

□ 取下排气侧凸轮轴

注意螺栓不能互换使用

（5）拆卸进气侧凸轮轴

□ 拆卸前，做好凸轮轴轴承盖标记

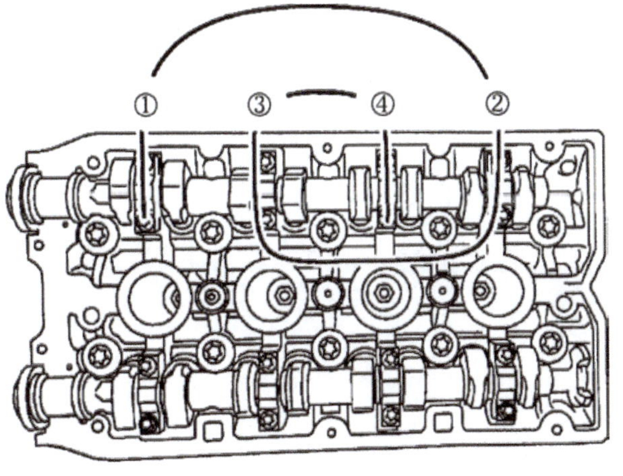

□ 按照如图所示顺序拆卸进气侧凸轮轴轴承盖

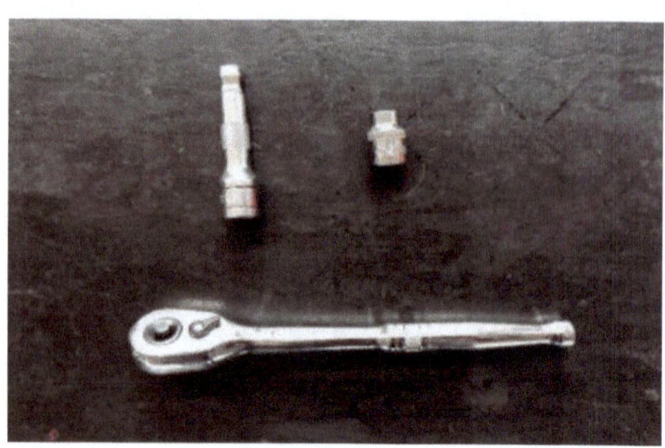

□ 选用9.5mm棘轮扳手、短接杆、短套筒E10，将其组合

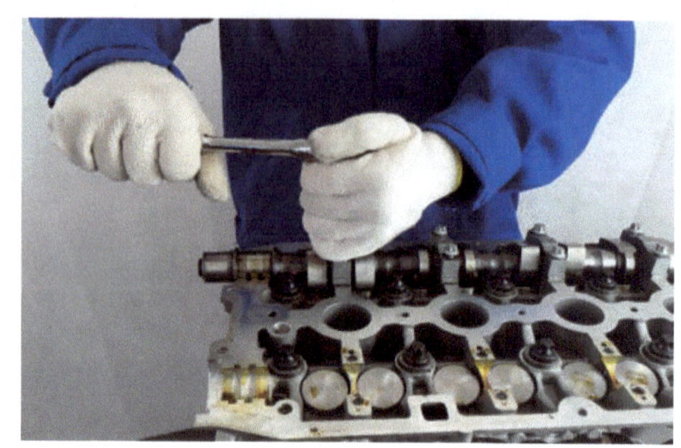

□ 利用组合工具，以1/2～1圈的步调，从外向内以螺旋方式松开进气侧凸轮轴轴承盖的8个螺栓

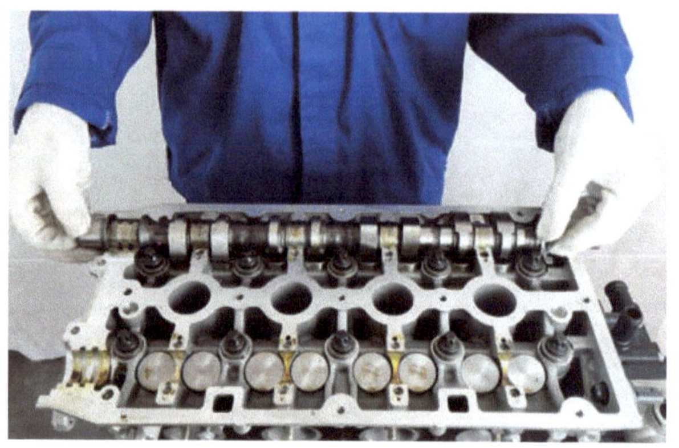

□ 取下进气侧凸轮轴轴承盖的螺栓

□ 取下进气侧凸轮轴

注意螺栓不能互换使用

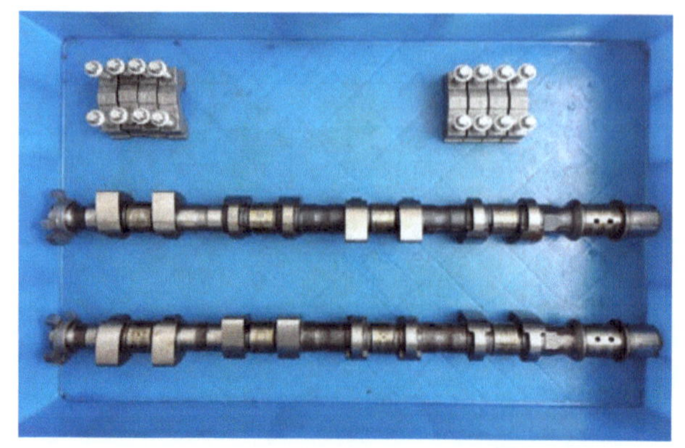

□ 将拆卸下来的部件，按照一定的顺序整齐放入零件盒内

（6）拆卸气缸盖

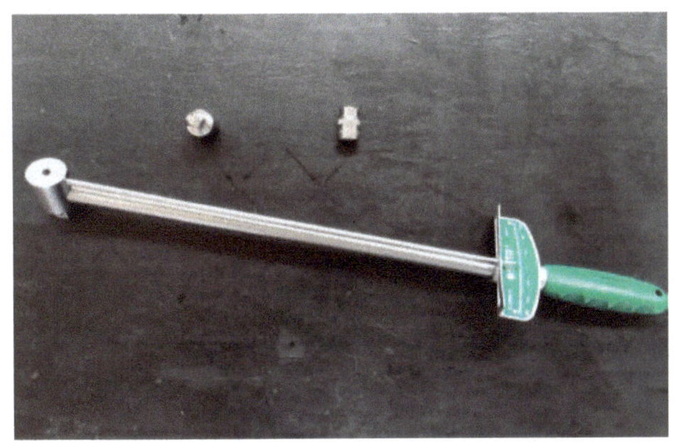

□ 选取指示式扭力扳手、短接头、短套筒 E12，将其组合

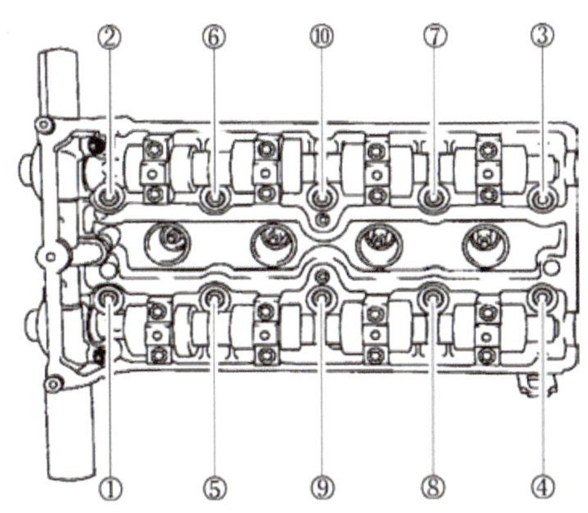

□ 利用组合工具，按照如图所示顺序拆卸气缸盖螺栓

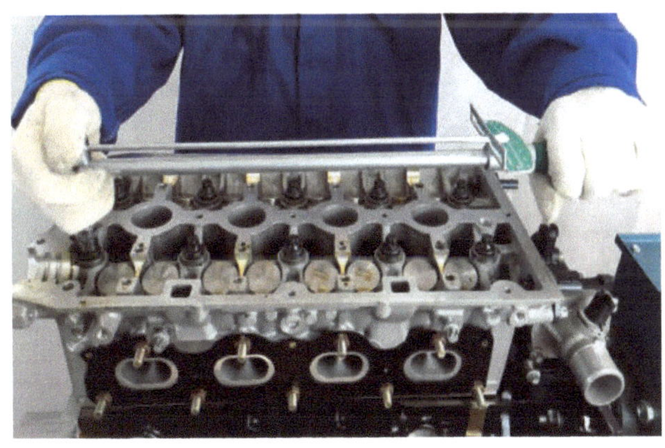

□ 利用组合工具，分两次拆卸 10 个气缸盖螺栓：第一次旋转 90°，松开螺栓；第二次旋转 180°，松开螺栓

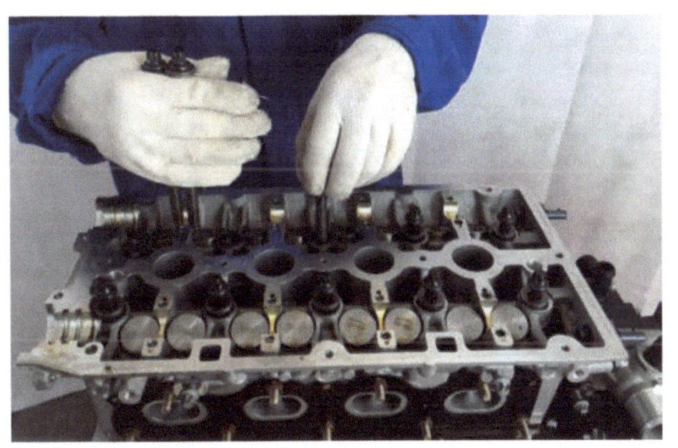

□ 按一定顺序，取下气缸盖螺栓

（7）拆卸气门挺柱

□ 拆卸前，先用漆笔做好进、排气侧气门挺柱的标记，各气门挺柱位置不能互换

□ 利用EN-845吸油设备（吸棒）取下16个气门挺柱

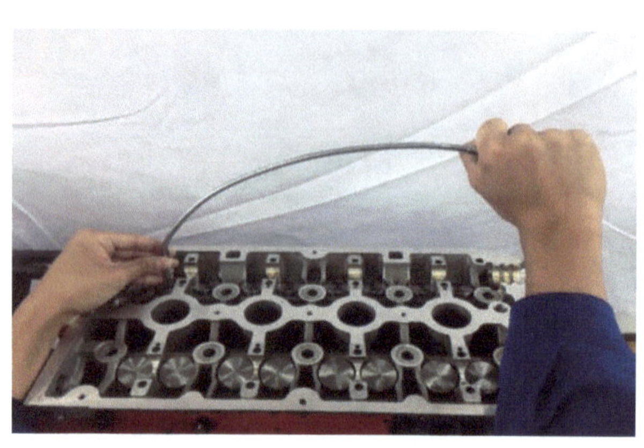

□ 将拆卸下的部件，按一定顺序整齐摆放于零件盒内

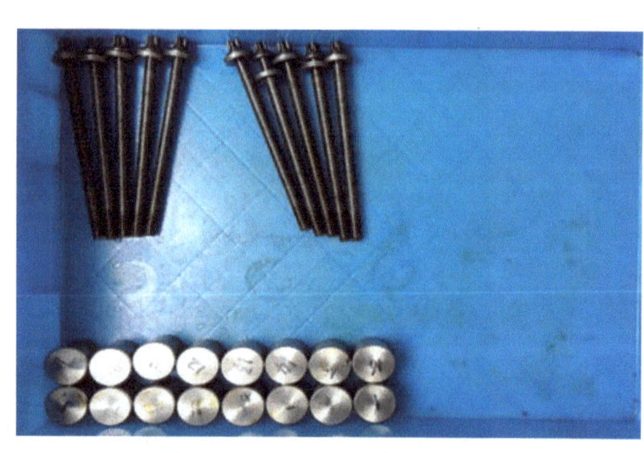

（8）拆卸气缸盖密封圈

□ 取下气缸盖，将其放置在一个水平的基座上

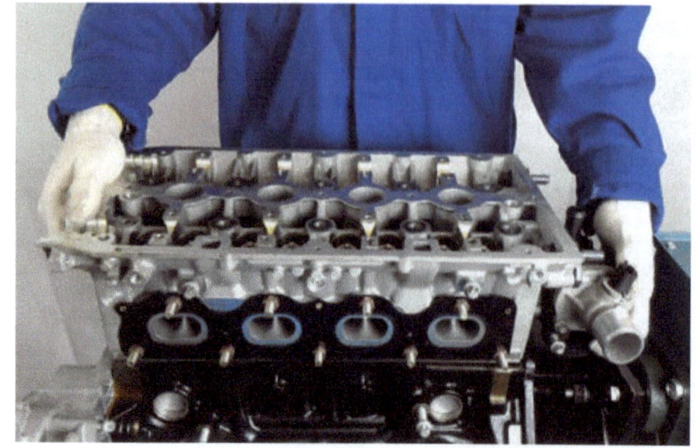

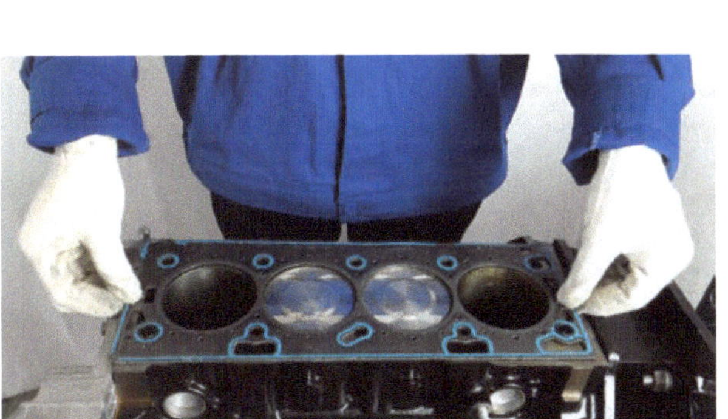

□ 取下气缸盖密封圈

（9）拆卸气门组

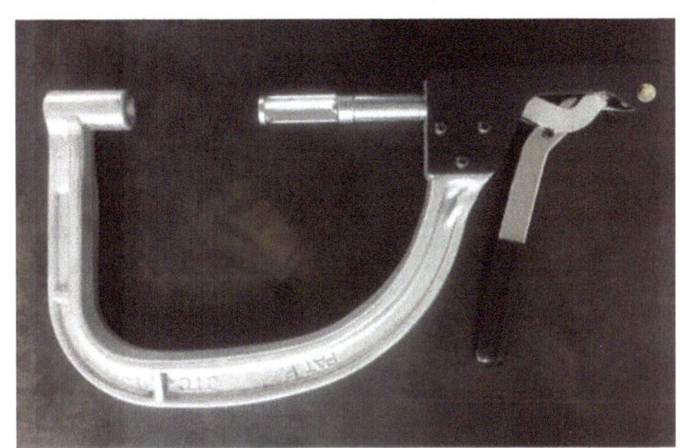

□ 拆卸前，利用记号笔做好进气门与排气门标记，各缸气门不可互换，并做好气门先后顺序标记

□ 组装气门弹簧钳（EN-6171），根据气门弹簧座直径大小选择合适的气门压头，准备护目镜

戴好护目镜，以免气门锁片损伤眼睛

□ 将气门弹簧钳安装在气缸盖上

□ 松开气门弹簧座圈：确保在拆卸气门锁片时，没有损坏任何工具，用 EN-6171 释放工具松开气门弹簧座圈。将 EN-6171 释放工具放在气门弹簧座圈上，并用橡胶锤短暂敲击，所有气门弹簧座圈都将松开

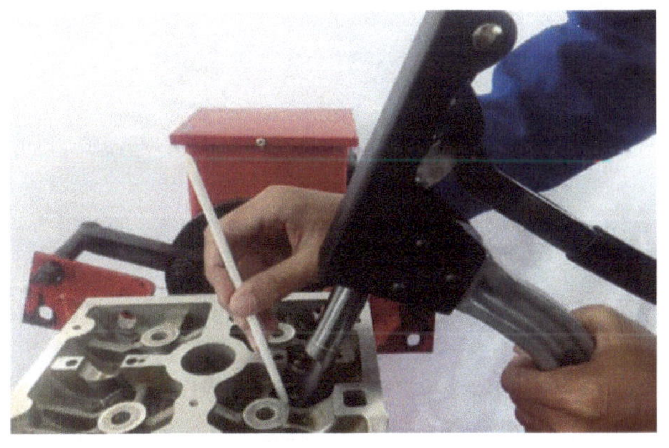

□ 压缩气门弹簧时，向下压缩方向与气门弹簧受力方向一致

□ 用专用工具（镊子）取下气门锁片

□ 取下气门弹簧座圈
□ 取下气门弹簧
□ 取下气门

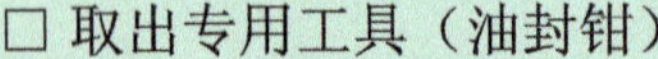

□ 取出专用工具（油封钳）

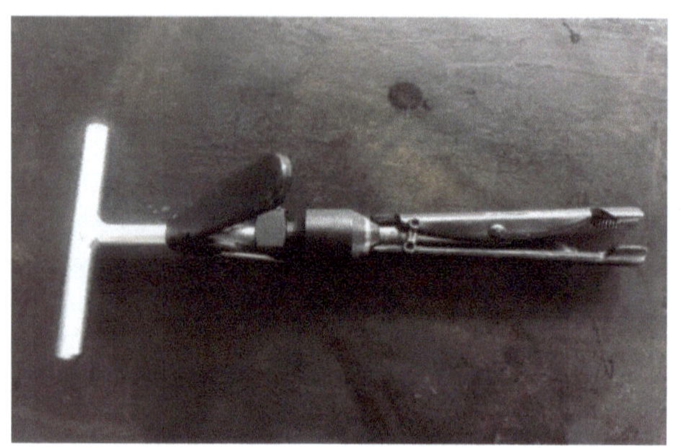

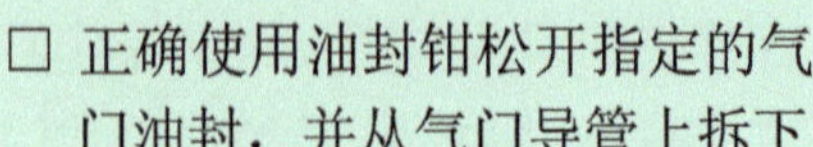

□ 正确使用油封钳松开指定的气门油封，并从气门导管上拆下

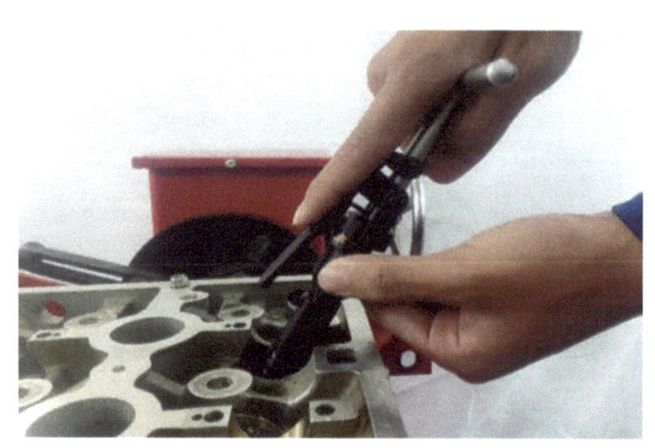

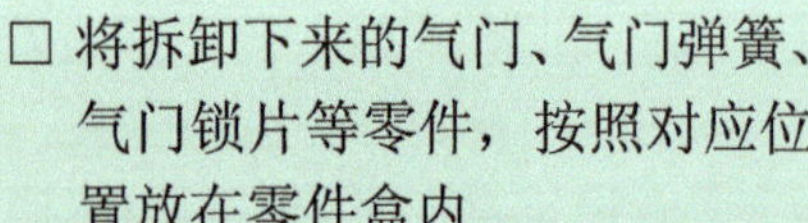

□ 将拆卸下来的气门、气门弹簧、气门锁片等零件，按照对应位置放在零件盒内

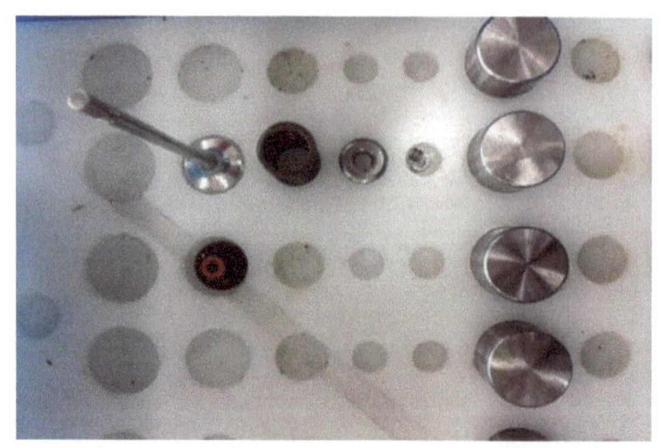

4. 遇到困惑

（1）什么是气门组？气门组由哪些部件组成？

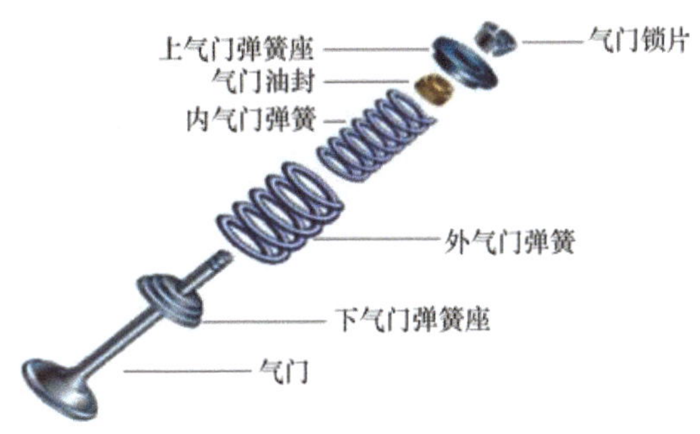

气门组主要由气门、气门弹簧座、气门弹簧、油封、气门锁片等组成。

（2）气门有什么作用？它有什么特征？

气门的作用：向发动机内输入空气并排出燃烧后的废气。

从发动机结构上，分为进气门和排气门：进气门的作用是将空气吸入发动机内，与燃料混合燃烧；排气门的作用是将燃烧后的废气排出并散热。

（3）气门对发动机工作有什么影响？

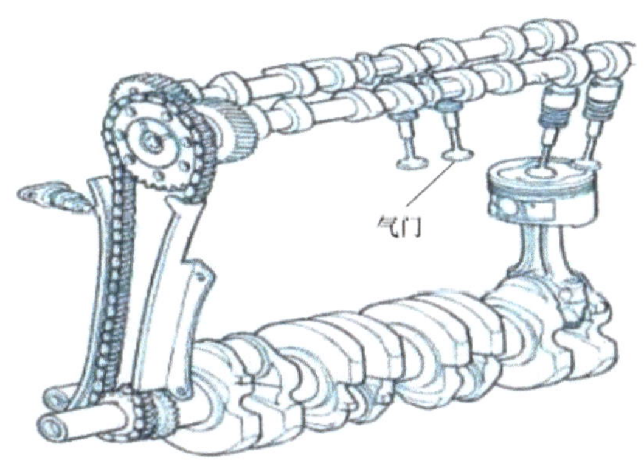

常见的是每个气缸布置 4 个气门，4 个气缸一共 16 个气门，在汽车资料上经常看到的“16V”就表示发动机共有 16 个气门。

这种多气门结构容易形成紧凑型燃烧室，喷油器布置在中央，这样可以令油气混合气燃烧更迅速、更均匀，各气门的质量和开度适当地减小，使气门开启或闭合的速度更快。

气门上的积炭相当于给气门“穿了件外套”：一方面“霸占”了进气空间，影响车辆的动力性能；另一方面，这件“外套”还会吸附可燃混合气中的汽油分子，破坏原有的混合气浓度，导致发动机失火、冷起动困难和油耗升高，更严重的积炭还会使气门关闭不严。

5. 任务深入

（1）清洁气门组

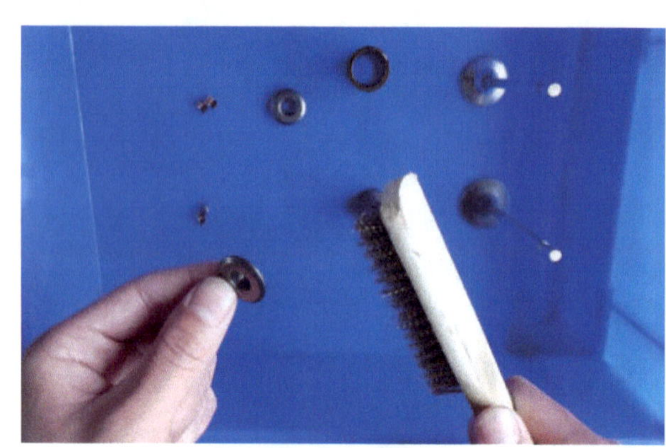

□ 用钢丝刷清洁气门顶座上表面的积炭与沉积物

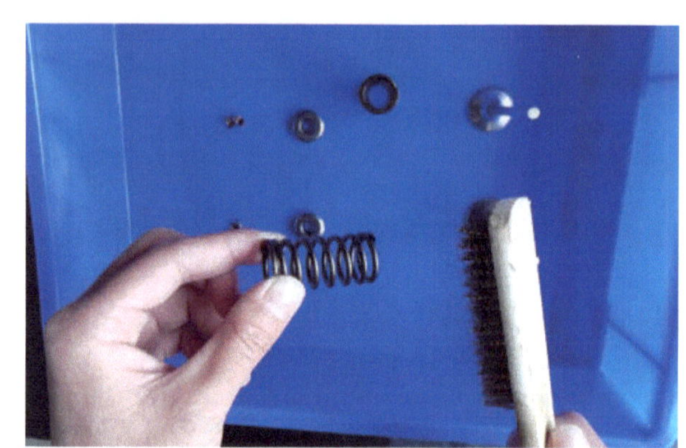

□ 用钢丝刷清洁气门弹簧表面的脏尘与沉积物

□ 用清洗剂清洁气门表面的油污

检查结果：______________________

____

采取措施：______________________

____

____

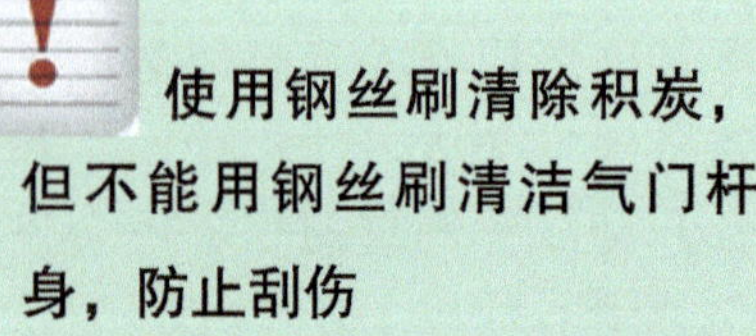

使用钢丝刷清除积炭，但不能用钢丝刷清洁气门杆身，防止刮伤

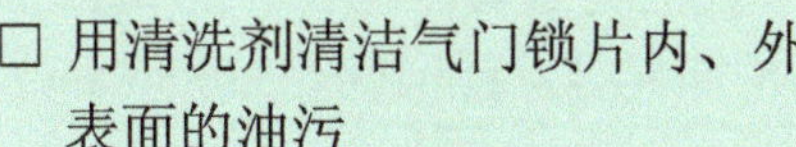

☐ 用清洗剂清洁气门锁片内、外表面的油污

☐ 用清洗剂清洁气门弹簧表面的油污

（2）检查气门

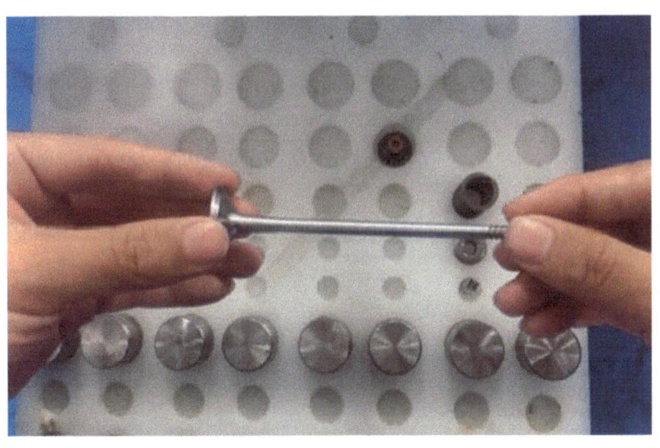

☐ 检查气门杆顶端磨损情况
☐ 检查气门锁片槽磨损情况
☐ 检查气门座部位有无点蚀
☐ 检查气门厚度是否不足
☐ 检查气门杆有无弯曲
☐ 检查气门锥面是否有烧伤、开裂、沟槽
☐ 检查气门杆尾端有无异常磨损
☐ 检查气门杆有无点蚀或严重磨损

如果存在上述任一状况，则需更换气门

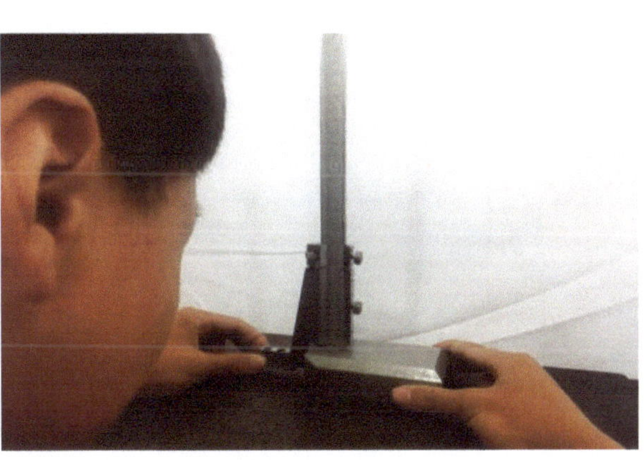

☐ 选取 300mm 的游标卡尺，用软布清洁尺身油污，并正确校零

□ 利用游标卡尺测量进（排）气门的长度

□ 标准长度：
进气门为 117.000～117.400mm；
排气门为 116.160～116.360mm

检查结果：________________

____

采取措施：________

____

____

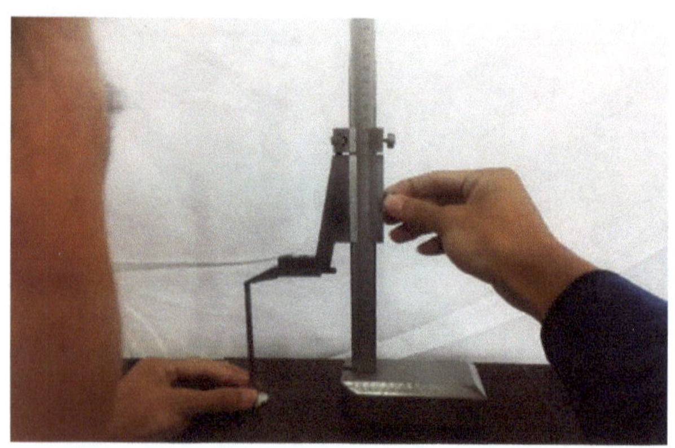

□ 取出 20 ～ 25mm 的千分尺，用软布清洁尺身，并正确校零

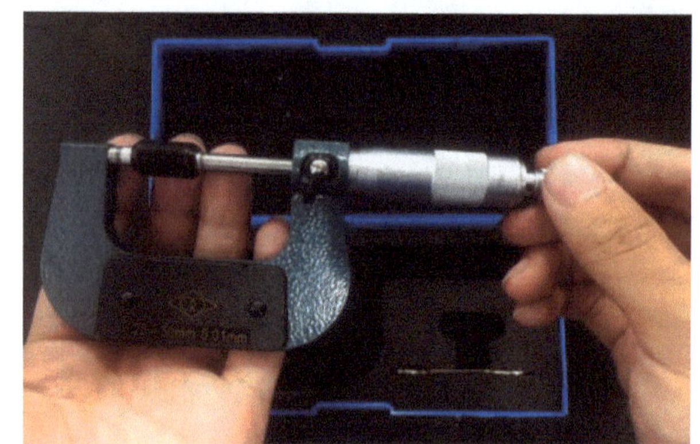

□ 利用千分尺测量进（排）气门头直径，隔 90° 再测一次，并取最小值

□ 标准直径值：进气门头为 31.000 ～ 31.300mm；排气门头为 27.400 ～ 27.600mm

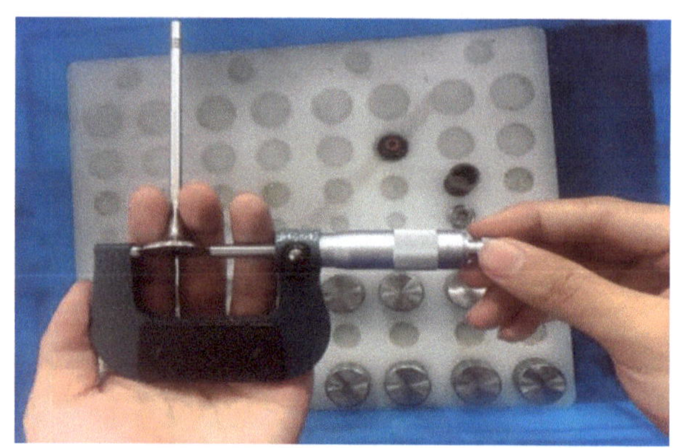

□ 用直尺测量气门余量（气门头部的厚度）：0.5mm

□ 对比：当气门余量超过规格时，应更换气门；当小于标准值时，需进一步检查

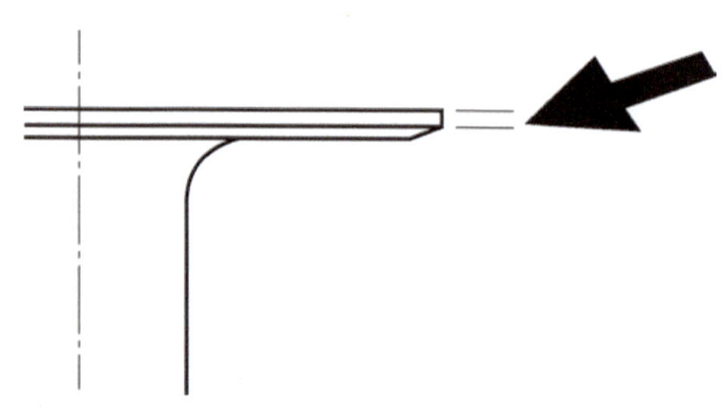

检查结果：________________

____

采取措施：________

____

____

（3）测量气门座与气门锥面上的接触面宽度

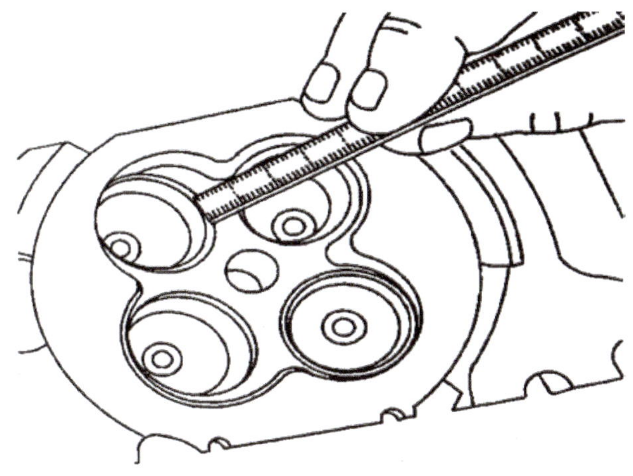

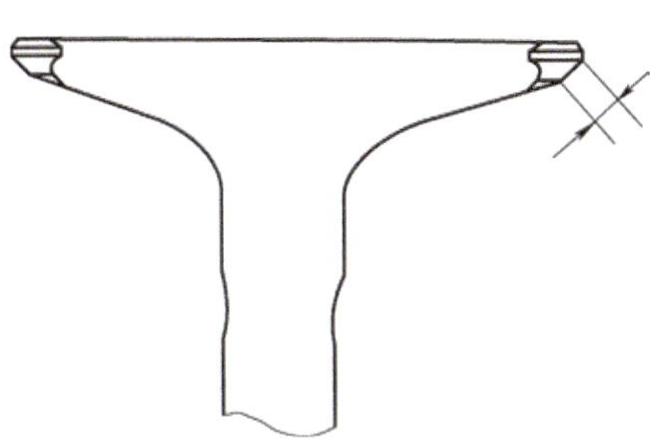

- □ 利用吸油纸清洁气门座表面
- □ 将红印油轻轻涂于气门锥面上
- □ 将气门安装在气缸盖上
- □ 用足够的压力抵着气门座转动气门，以磨去染料
- □ 将气门从气缸盖上拆下
- □ 使用头灯照明，用合适的直尺测量气缸盖中带红印油痕迹的气门座接触面宽度
- □ 气门座与气门锥面上的接触面宽度标准值：进气门座为1.000～1.400mm；排气门座为1.400～1.800mm

气门座接触面至少距离气门头部外圆0.5mm，当离得太近时，必须修整气门座

检查结果：________________

____

采取措施：________

____

____

（4）测量气门对气门座同轴度误差

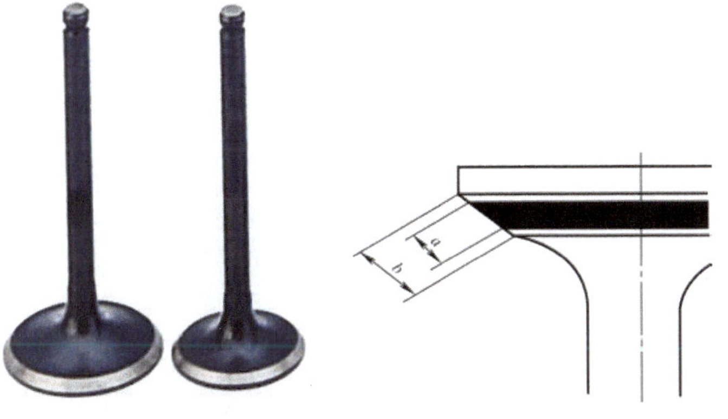

- □ 用头灯照明检查气门座锥面红印油印痕的连续性
- □ 用头灯照明检查气门锥面红印油印痕的连续性

若锥面的印痕是连续的，则密封性良好；若印痕不是连续的，则气门表面应进行修整或更换。

检查结果：________________

____

采取措施：________

____

____

（5）检查气门挺柱

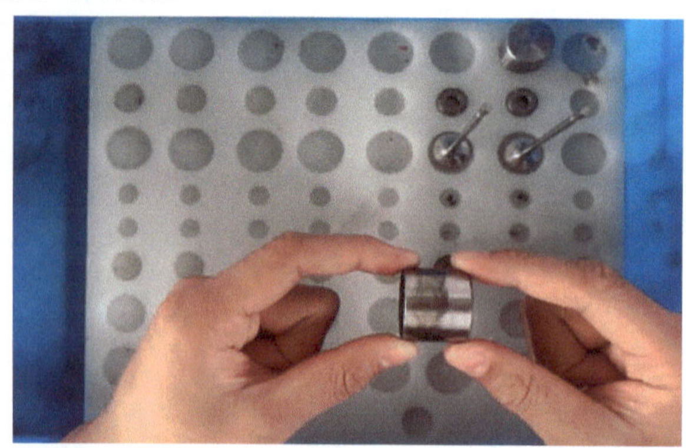

□ 检查气门挺柱有无开裂、损坏

（6）检查气门锁片

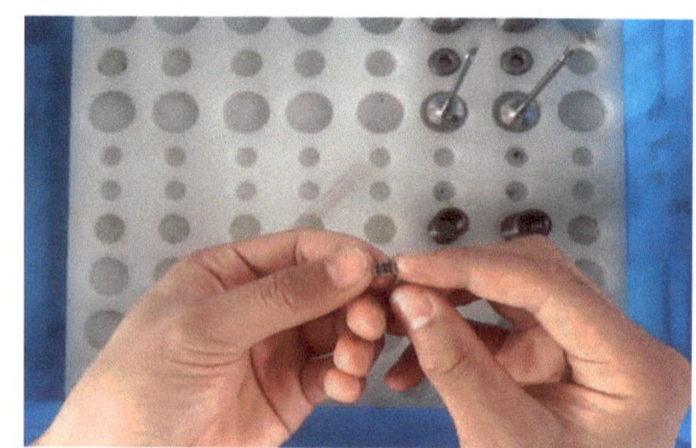

□ 检查气门锁片有无磨损

（7）检查气门弹簧座

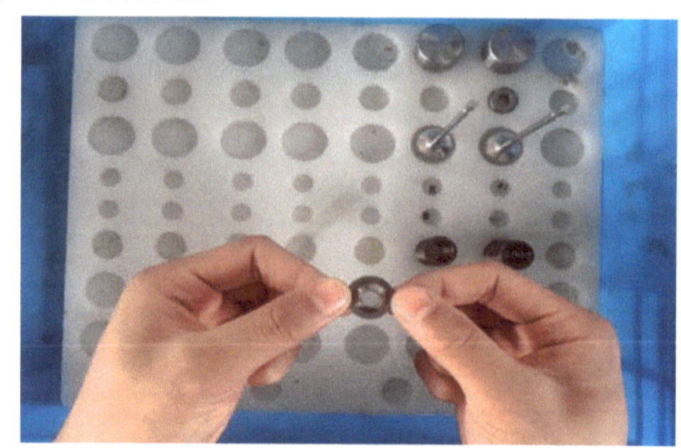

□ 检查气门弹簧座有无开裂、损坏

□ 检查气门锁片安装孔有无磨损

（8）检查气门弹簧

□ 检查气门弹簧是否有弹簧圈破裂或弹簧圈末端破裂

□ 利用游标卡尺测量气门弹簧的长度。气门弹簧标准长度：41.00mm

检查结果：________________________

____

采取措施：________________

____

____

6. 任务突出

（1）安装气门组

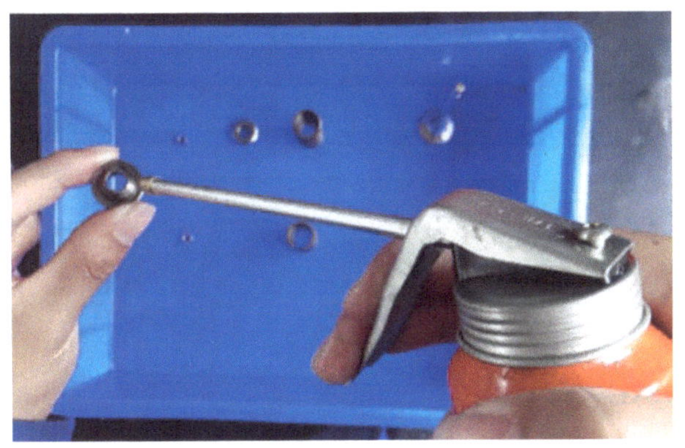

□ 用机油枪在气门弹簧座上涂抹机油

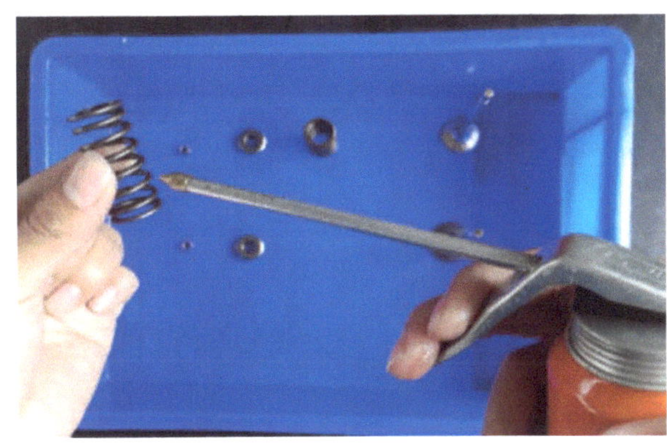

□ 用机油枪在气门弹簧上涂抹机油

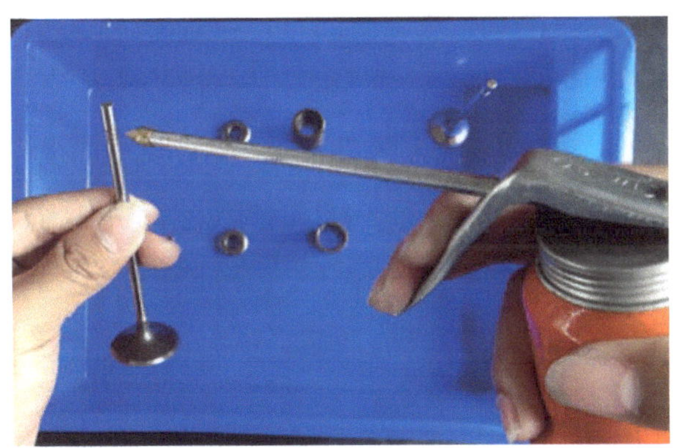

□ 用机油枪在气门上涂抹机油

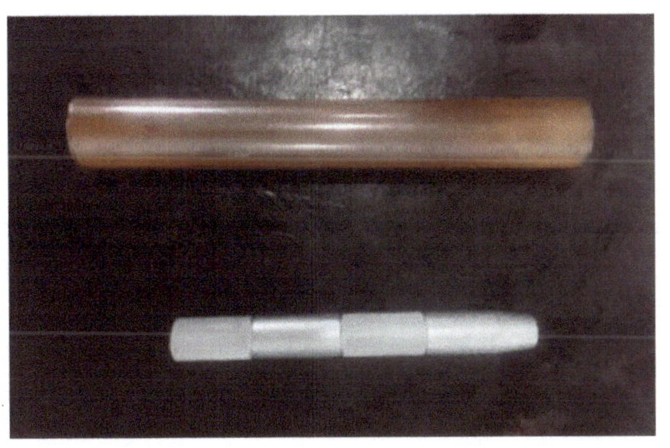

□ 选取专用工具安装气门油封

□ 用专用工具安装气门油封，安装前，先在气门油封上涂抹一层机油，并检查气门与气门导管之间的间隙是否合理

□ 用机油润滑气门杆身

□ 将气门按照顺序安装到正确位置，每个气门位置不能发生改变，且应保证气门与气门座经过研磨已达到了良好密封性能

□ 依次安装气门弹簧、气门弹簧底座

□ 将气门弹簧钳装夹在气缸盖上

□ 安装要求：根据气门弹簧直径大小选择合适的气门压头，气门弹簧压缩钳和压头确认安装到位，向下压缩方向与气门弹簧受力方向保持一致

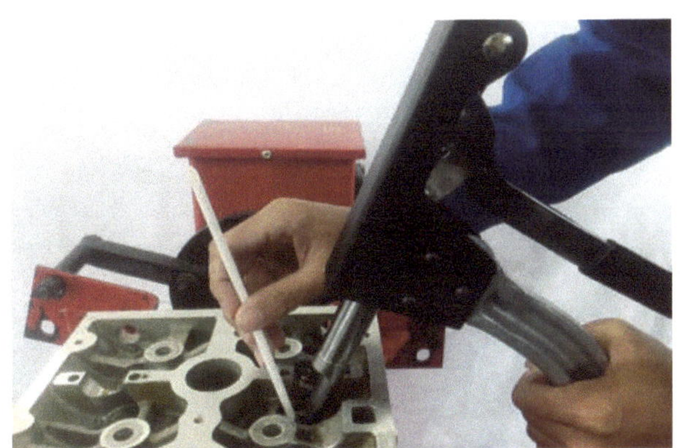

□ 在气门锁片上涂抹一层润滑脂
□ 利用专用工具（镊子）将气门锁片安装到位
□ 拆卸气门组拆装专用工具，用软布做好清洁工作后装回工具箱

（2）安装气缸盖垫圈

□ 安装前，先对气缸体接合面进行清洁
□ 选取新的气缸盖垫圈。新气缸垫圈必须是符合要求、质量可靠的原厂配件
□ 要注意其安装方向，基本原则是卷边朝向易修整的接触面或硬平面

（3）安装气缸盖

□ 将气缸盖置于合适的工作位置

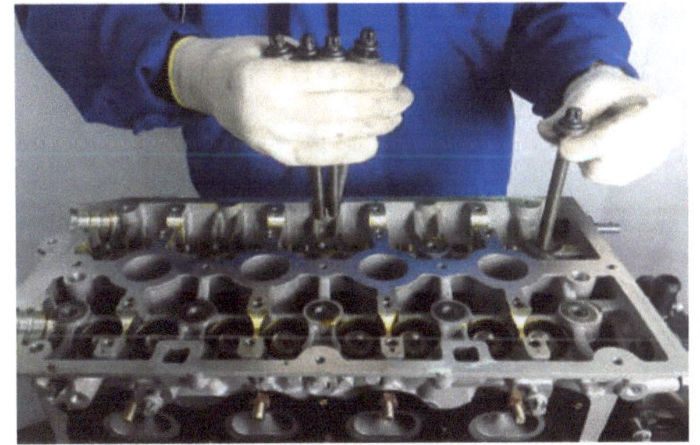

□ 将气缸盖螺栓按顺序置于气缸盖螺栓孔内

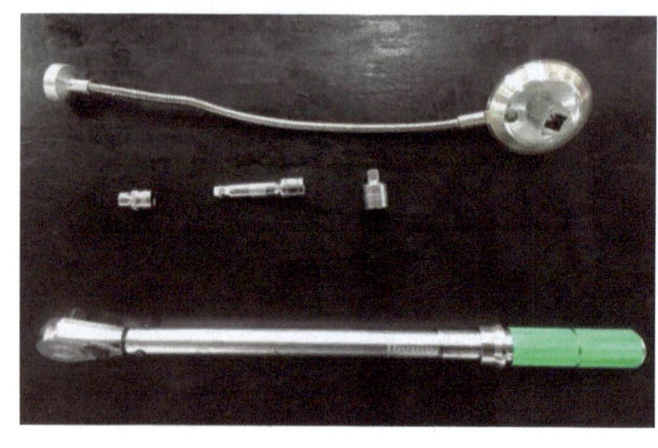

□ 取出预置式扭力扳手、短接头、15mm 套筒、EN-45059 传感组件，将其组合

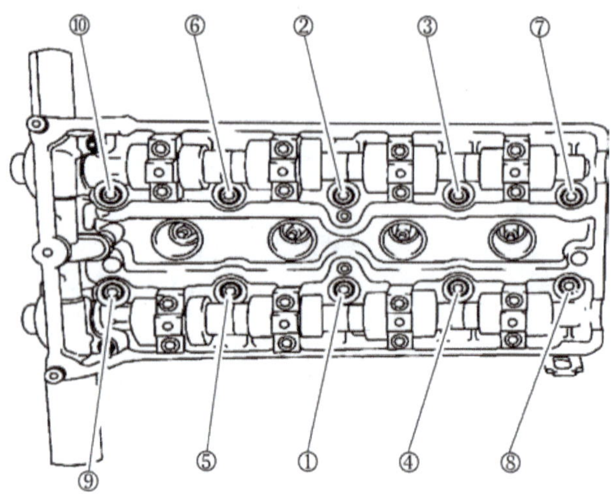

□ 按照如图所示顺序拧紧气缸盖螺栓

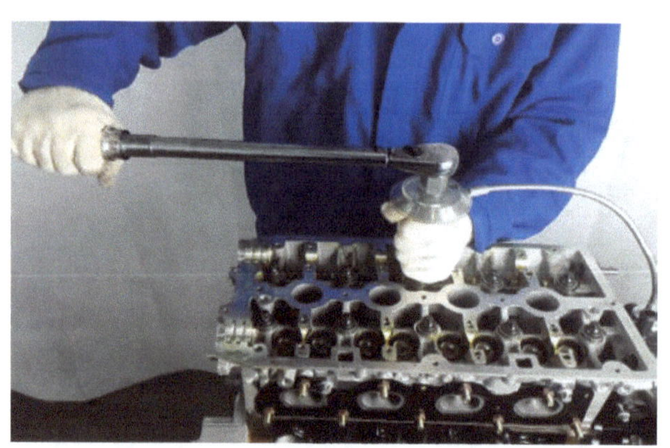

□ 利用组合工具，分五次拧紧气缸盖螺栓：第一次拧紧至 25N·m；第二次拧转 90°；第三次拧转 90°；第四次拧转 90°；第五次拧转 45°

（4）安装气门挺柱

□ 用新的发动机机油涂抹滑动面，按正确顺序安装气门挺柱

（5）安装排气凸轮轴

☐ 在安装部位涂抹 MOS2 润滑剂

☐ 安装排气凸轮轴

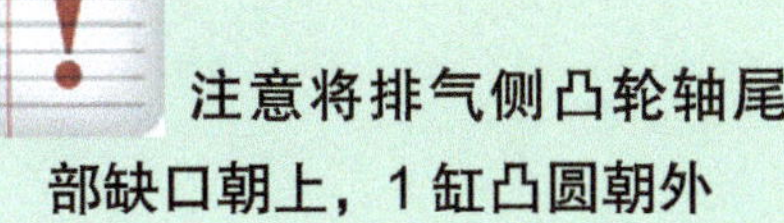

注意将排气侧凸轮轴尾部缺口朝上，1 缸凸圆朝外

☐ 按照凸轮轴轴承盖上的识别标记正确安装 6 ～ 9 号凸轮轴轴承盖

☐ 手动旋转螺栓一圈以上使其正确进入螺栓孔

注意凸轮轴轴承盖编号不要弄错

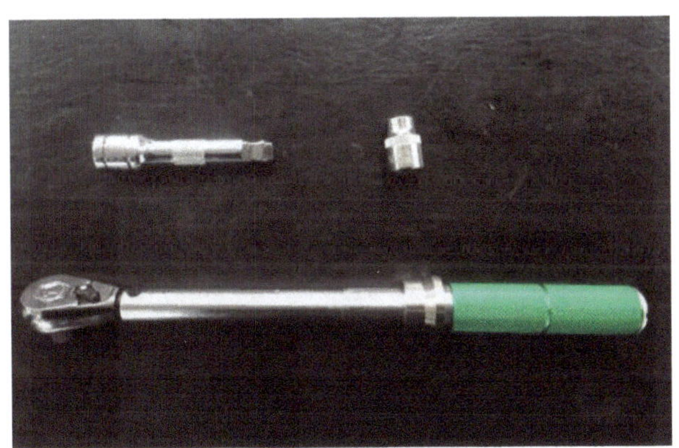

☐ 选取扭力扳手、短接杆、短套筒 E10、将其组合

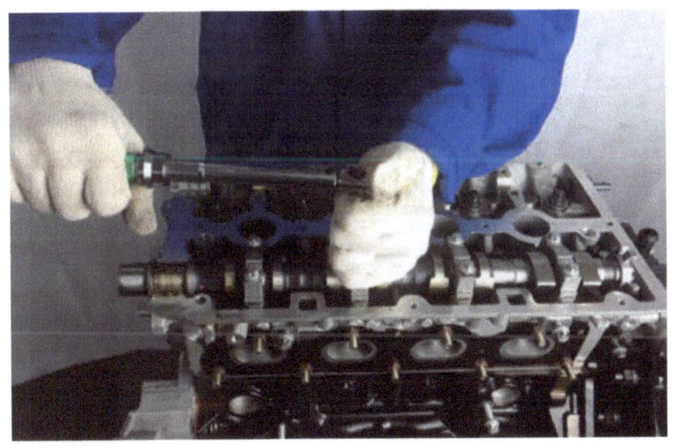

☐ 利用组合工具安装排气凸轮轴轴承盖的 8 个螺栓

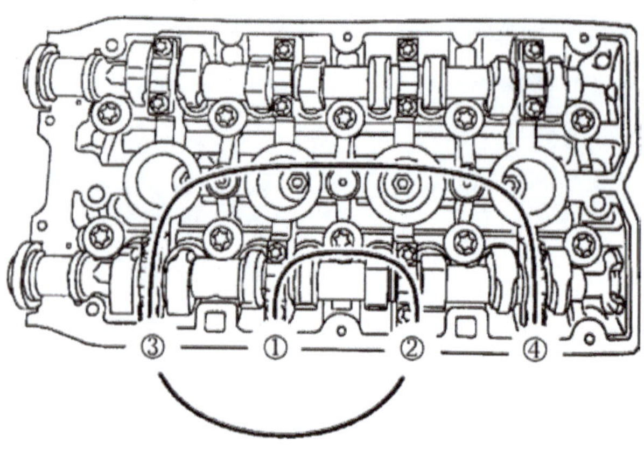

☐ 安装时，从内向外按如图所示顺序以螺旋方式将各螺栓紧固至 8N · m

（6）安装进气凸轮轴

☐ 在安装部位涂抹 MOS2 润滑剂

☐ 安装进气凸轮轴

注意将进气侧凸轮轴尾部缺口朝上，1 缸凸圆朝外

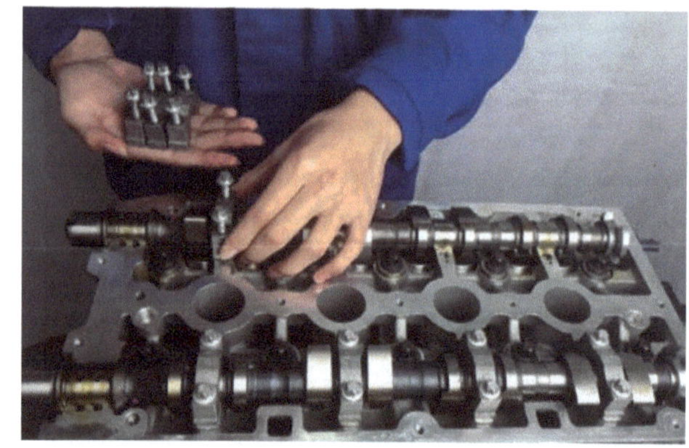

☐ 按照凸轮轴轴承盖上的识别标记正确安装 2 ~ 5 号凸轮轴轴承盖

☐ 手动旋转螺栓一圈以上使其正确进入螺栓孔

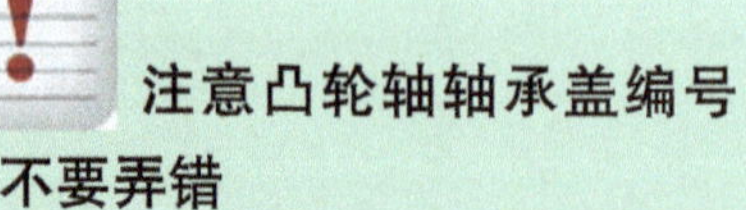

注意凸轮轴轴承盖编号不要弄错

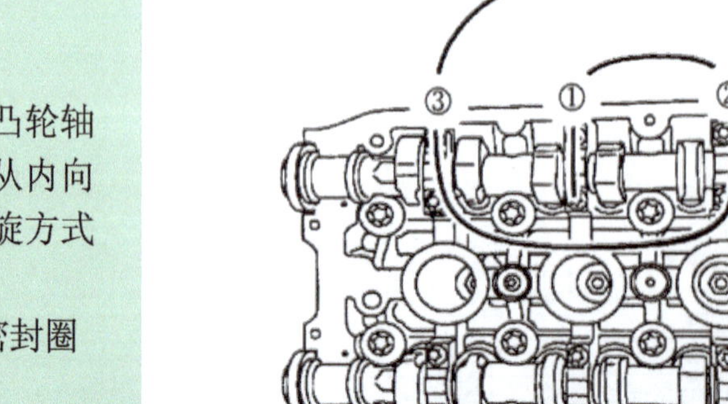

☐ 利用组合工具安装进气凸轮轴轴承盖的 8 个螺栓，并从内向外按如图所示顺序以螺旋方式紧固至 8N · m

☐ 安装新的进排气凸轮轴密封圈

（7）安装凸轮轴轴承支架

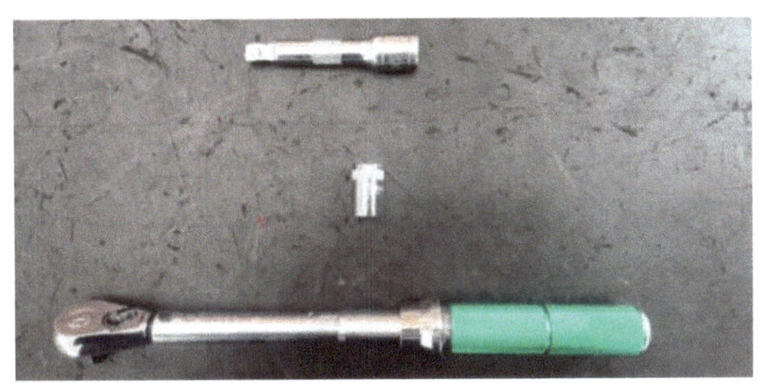

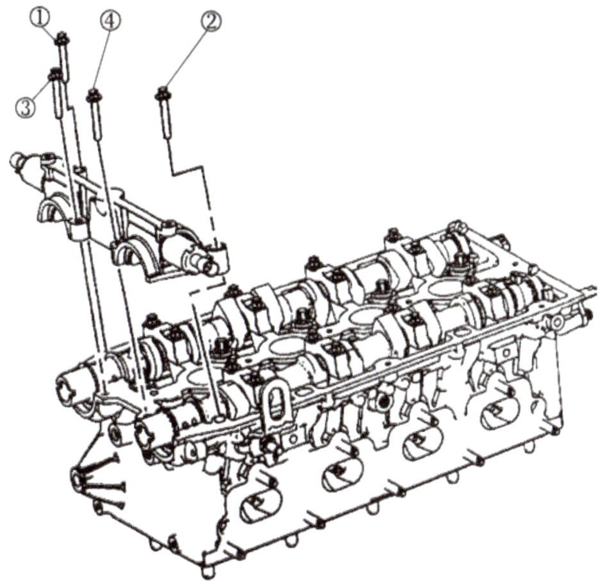

□ 安装 1 号凸轮轴盖

□ 手动旋转螺栓一圈以上使其正确进入螺栓孔

安装前，应在密封面薄而均匀地涂上表面密封剂

□ 使用预置式扭力扳手按如图所示顺序，第一次拧紧至 2N·m，第二次拧紧至 8N·m

（8）工位整理

1）工具整理

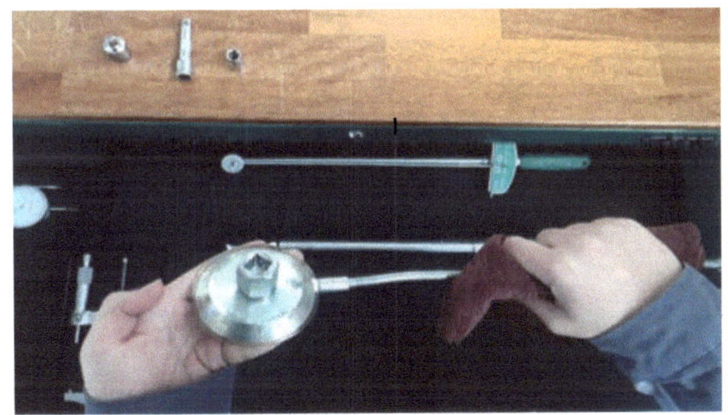

□ 整理所使用工具、量具、实训设备，用软布擦拭工量具表面脏尘，做好工量具与相关设备的维护工作

2）工位清洁

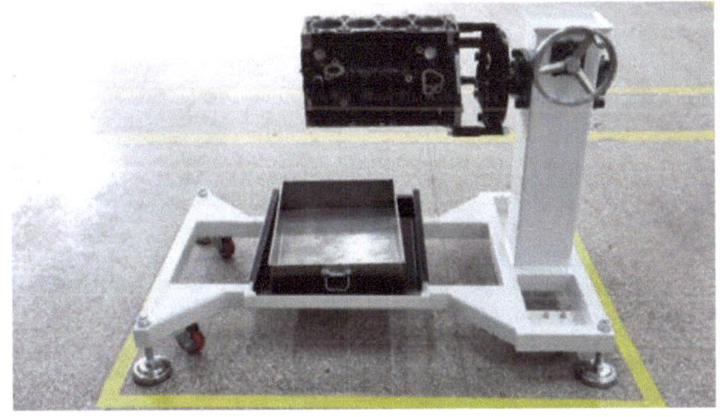

□ 清洁实训工位，清除工位上的油污、废料、尘土，保持台架干净、整洁

3）场地清扫

□ 清扫实训场地，清除地面上的油污、废料、尘土，保持地面干净、整洁

7. 任务评价

认真填写实训项目工单。

实训项目工单

姓名		故障车型		行驶里程	
完成时间				成绩	
项目名称	气门组检修				
任务目的	1. 掌握汽车气门组各部件检修内容； 2. 能正确、规范地进行汽车气门组的检修操作流程；				
任务准备					
必要的理论知识要点	1. 简述汽车气门组的功用。 ______ ______ 2. 列出汽车气门组的组成部件，并找出各部件的实际安装位置。 ______ ______				
所涉及的实训工具					
任务反馈					
分项检查操作情况	检查项目	正常打 √，异常打 ×		异常原因分析（主要）	
	步骤 1	□ 前期基本检查到位		关键部位检查缺失	
	步骤 2	□ 能正确选用工具		工具选用错误	
	步骤 3	□ 能规范地完成凸轮轴轴承支架拆卸		拆卸操作不规范	
	步骤 4	□ 能规范地完成进、排气侧凸轮轴拆卸		拆卸操作不规范	
	步骤 5	□ 能规范地完成气缸盖拆卸		拆卸操作不规范	
	步骤 6	□ 能规范地完成气门组拆卸		拆卸操作不规范	
	步骤 7	□ 对气门组清洁规范，项目到位		检修项目不全面，存在缺失	

（续）

分项检查操作情况	步骤 8	☐ 对气门检修规范，项目到位	检修项目不全面，存在缺失
	步骤 9	☐ 对气门配合情况检修，项目到位	检修项目不全面，存在缺失
	步骤 10	☐ 能正确完成气门组安装	安装操作不规范，顺序错误
	步骤 11	☐ 能正确完成气缸盖安装	安装操作不规范，顺序错误
	步骤 12	☐ 能正确使用各拆装工具	操作方法错误
归纳该项目操作要点	在进行气门组各部件检修时，应注意哪些操作要点？ ____________________ ____________________		
任务评价			

学生自我评价（40%）	项目	得分	项目	得分
	A：任务实施 10 分		B：课堂纪律 10 分	
	C：质量反馈 5 分		D：小组协作 5 分	
	E：安全操作 5 分		F：7S 应用 5 分	
	认为该改善的项目是____________　您的得分：______			
小组评价（20%）	☐ 优秀（计 20 分）　☐ 良好（计 15 分） ☐ 及格（计 10 分）　☐ 不合格（计 0 分）　您的得分：______			
实训小结（20%）（学生填写）	（说说自身的收获）　您的得分：______ ____________________ ____________________			
教师点评（20%）	（对你的课堂表现）　您的得分：______ ____________________ ____________________			
总分				
企业家点评	气门系统有异常噪声是汽车发动机的常见故障之一，往往会导致发动机抖动、加速乏力等。主要原因有气门卡滞、气门挺杆卡滞、气门杆上有积炭，导致气门不能正确关闭；凸轮轴凸角磨损；正时链条过度磨损或错位。			

拓展迁移

1. 模拟相似故障，根据维修资料排除大众帕萨特轿车气门组的故障。

2. 结合实车，观察上海通用雪佛兰科鲁兹轿车与大众帕萨特轿车的气门组各部件在检修方面有什么不同之处。

附件检修

学习目标

1. 能说出汽车发动机各个附件的名称、作用及实际安装位置。
2. 能正确地记录汽车发动机常见附件的主要检修内容及要点。
3. 能规范地完成汽车发动机常见附件的检修操作流程。
4. 能自觉养成 7S 自主管理的行为习惯。

任务实施操作视频

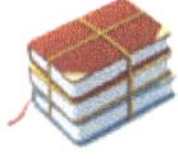

项目导读

发动机附件检修是汽车发动机检修的典型项目之一，包括节气门体检修、喷油器检修、进排气歧管检修、发电机检修、起动机检修等项目。汽车发动机产生故障，会导致车辆异常抖动、无法正常运转。遇到此类问题，作为汽车机修工，我们首先应对汽车发动机各个附件的名称、作用、工作过程等基础知识有一定的认识，并掌握一些维修工具的名称及使用方法，按照科学、合理的检修流程，完成检修工作。

学时建议

8 学时。其中，发动机附件检修的操作流程教学（即任务深入环节与任务突出环节）是重点，也是难点，6 学时。

资料收集

思考：汽车发动机附件主要有哪些？各有什么作用？分别安装在哪个位置？ 在检修过程中，需要哪些工具？

1. 汽车虚拟仿真软件使用

使用汽车虚拟仿真软件，可以不受场地的限制，教师不需要带领学生到实训室，教学内容全部可以通过多媒体计算机展开，学生在计算机上就可以模拟真实的场景来学习和练习实训过程，课堂更加生动。同时，虚拟仿真软件平台是对工作场景的仿真再现，学生能熟知实际作业中遇到的各类问题，能仿真再现各个实训项目和模块训练中的实际场景。

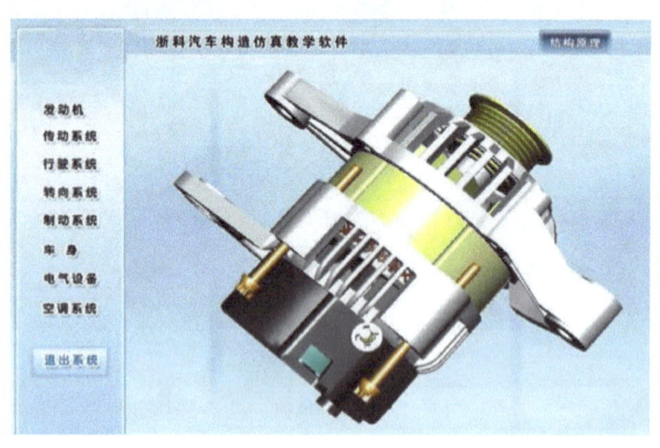

汽车构造仿真软件运行平台界面

你知道吗？说说以下工具的名称。

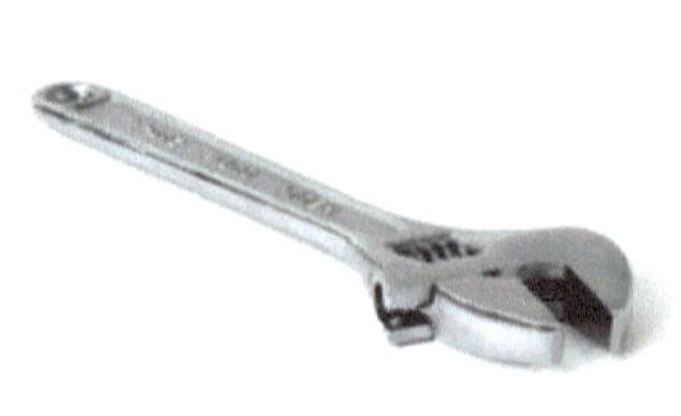

______________ ______________ ______________

2. 教学实施准备

汽车发动机实训台架固定情况检查

7S 实训管理风采：立足实践

活动展开

1. 问题情境

一辆2010年生产雪佛兰科鲁兹故障轿车，行驶里程10.56万km，车主反映汽车起动机运转正常，但发动机起动困难，严重抖动，伴随噪声，加速无力。你能帮助他解决吗?

试车后，发现汽车起动机能正常运转，发动机能运转，但有明显的异响、抖动现象，需要进一步检查。

导致汽车发动机抖动的原因：

____

____

____

____

2. 任务准备

（1）信息登记

对照实训项目工单，记录维修车辆的基本信息。

（2）外观检查

检查与登记拆装所涉工量具，标注：

☐ 缺失：________________

☐ 损坏：________________

☐ 失准：________________

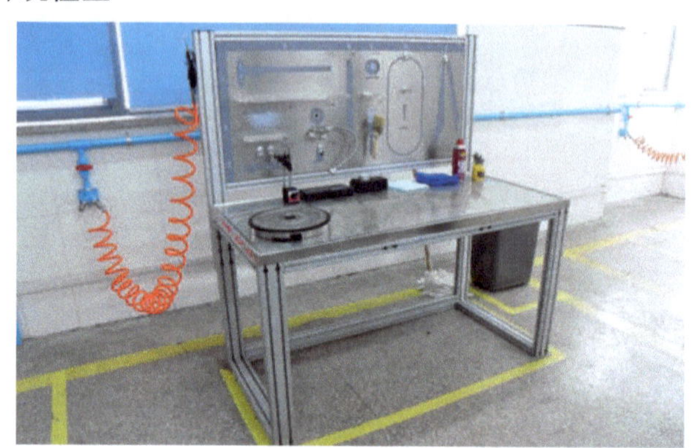

（3）进入工位

进入工位，我们应该：

☐ 穿戴好工作服

☐ 操作安全自检

☐ 准备所涉及的维修工量具

☐ 工量具检查

☐ 整理工量具

（待完成后，在相应方框内打√，以此类推）

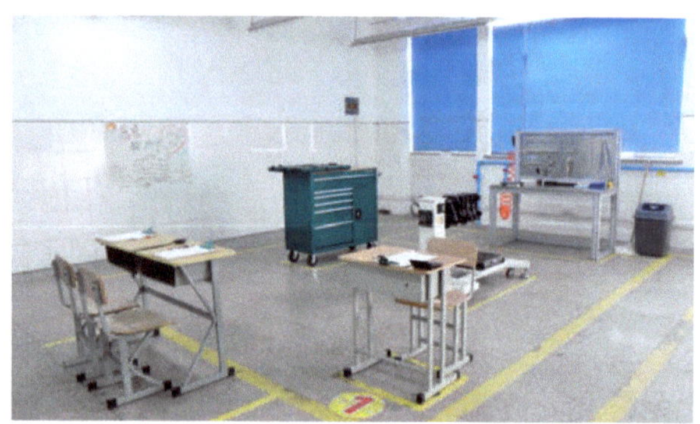

3. 任务引入

（1）基本检查

☐ 检查发动机台架安全固定情况

☐ 检查台架转动是否顺畅

（2）拆卸燃油分配管

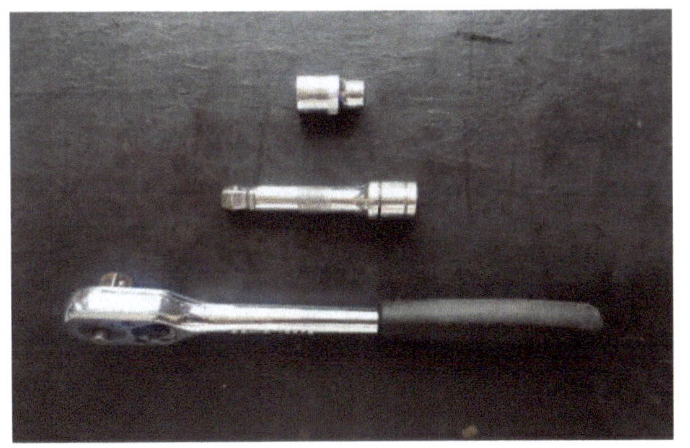

□ 选取 9.5mm 棘轮扳手、短接杆、短套筒 E10，将其组合

□ 利用组合工具拆卸燃油分配管上的 2 个螺栓

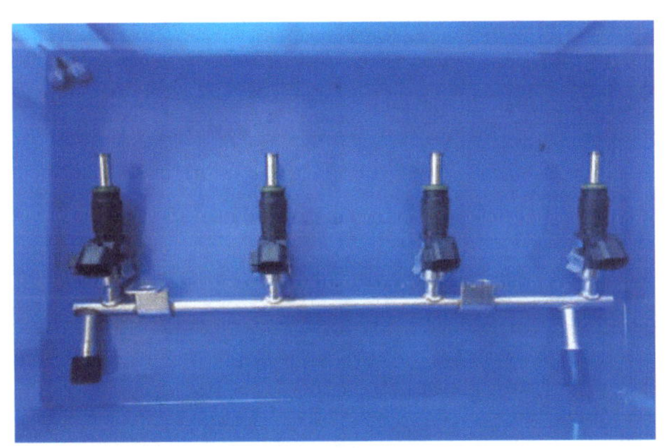

□ 取下燃油分配管，将其置于零件盒内，注意将喷嘴朝上摆放

□ 拆下 4 个多点喷油器密封件

（3）拆卸进气歧管绝对压力传感器

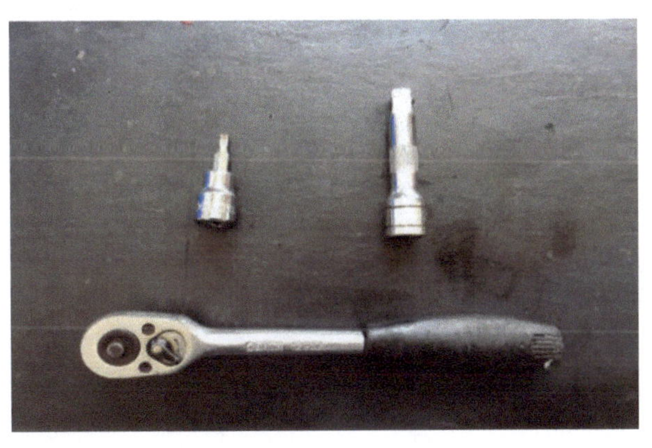

□ 选取 9.5mm 棘轮扳手、短接杆、梅花短套筒，将其组合

□ 利用组合工具拆卸进气压力传感器的 1 个固定螺栓

（4）拆卸节气门控制组件

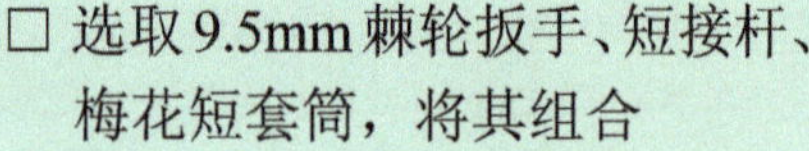

□ 选取 9.5mm 棘轮扳手、短接杆、梅花短套筒，将其组合

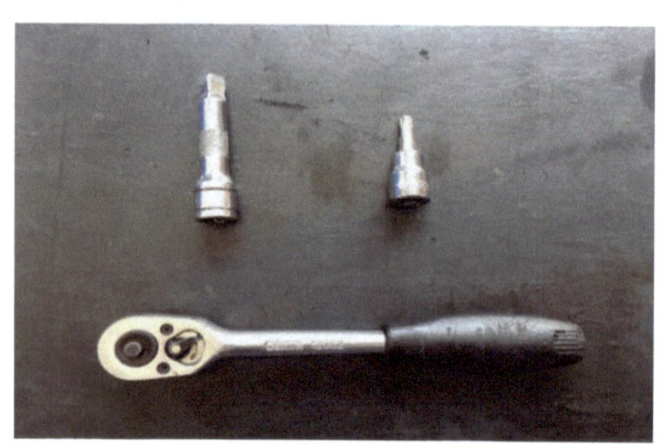

□ 利用组合工具以对角形式分两次拆卸节气门控制组件的 4 个固定螺栓

□ 取下节气门控制组件，置于零件盒内，将节气门控制组件的配合面朝上

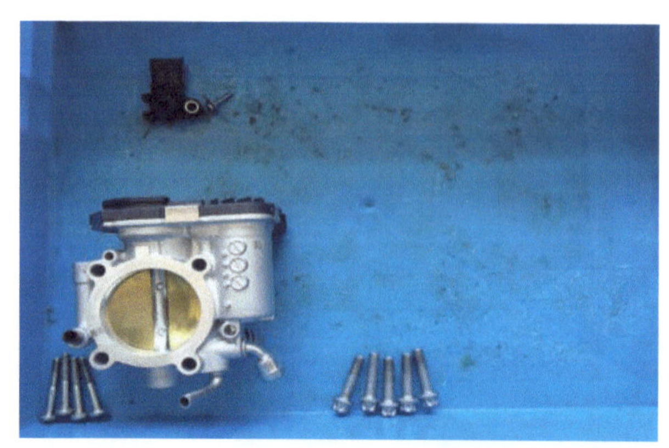

（5）拆卸进气歧管

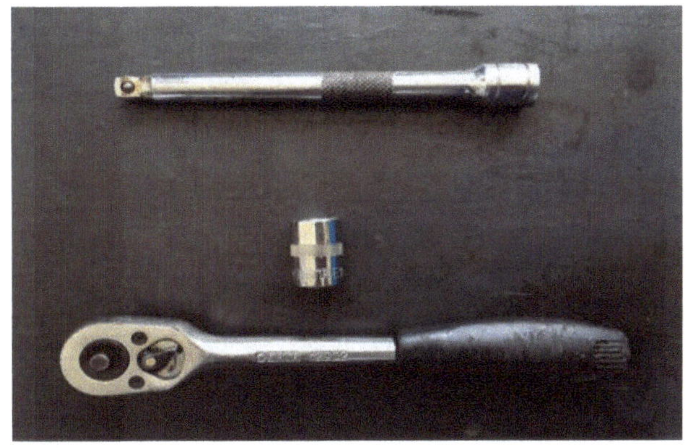

□ 选取 9.5mm 棘轮扳手、中接杆、短套筒 E12，将其组合

□ 利用组合工具由两边向中间以对角形式拆卸进气歧管的 7 个固定螺栓

（6）拆卸机油尺和导管

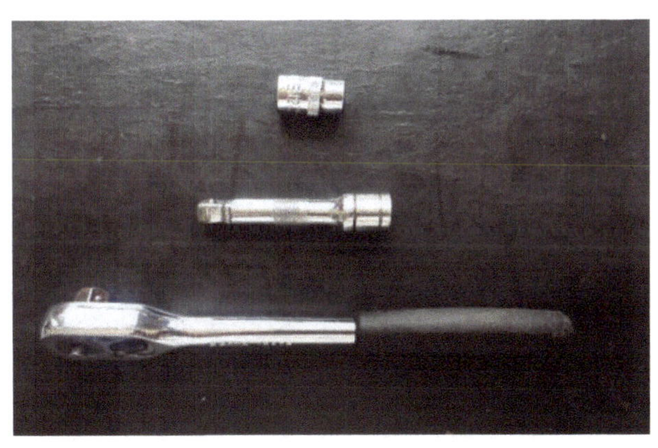

□ 选取 9.5mm 棘轮扳手、短接杆、短套筒 E12，将其组合

□ 利用组合工具拆卸机油尺和导管的 1 个固定螺栓

（7）拆卸氧传感器

☐ 选取活扳手

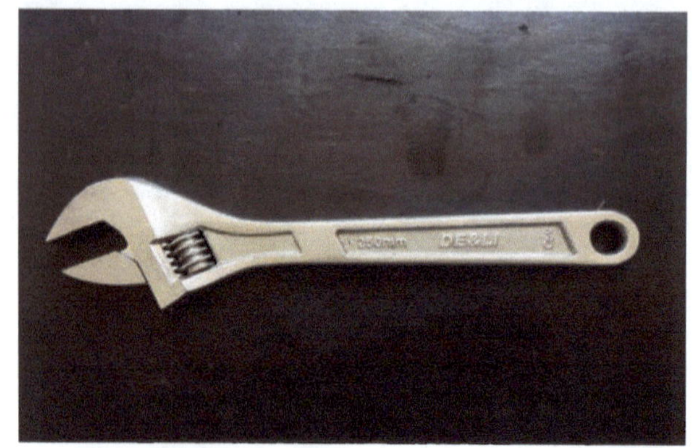

☐ 利用活扳手旋松氧传感器固定螺栓

（8）拆卸排气歧管

☐ 选取9.5mm棘轮扳手、短接杆、13mm长套筒，将其组合

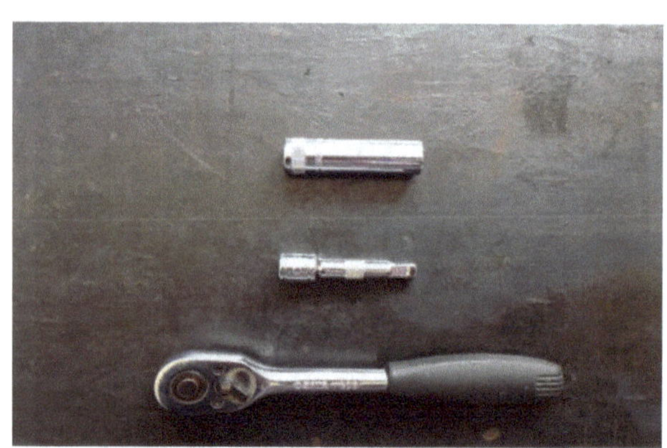

☐ 利用组合工具分两次拆卸排气歧管衬垫的2个固定螺栓

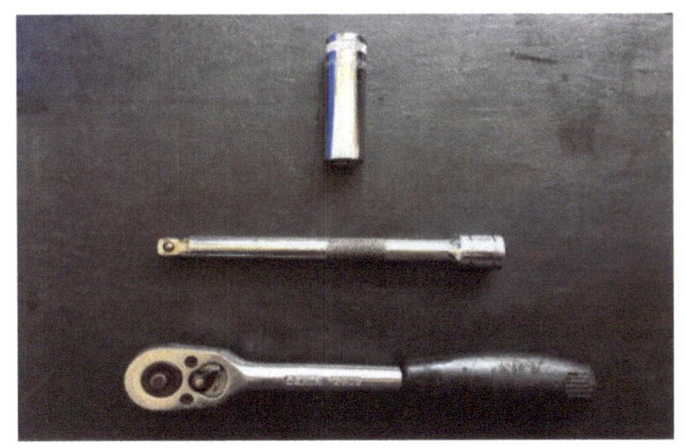

☐ 选取 9.5mm 棘轮扳手、中接杆、13mm 长套筒，将其组合

☐ 利用组合工具由两边向中间以对角形式分两次拆卸排气歧管上的 9 个螺母

☐ 取下排气歧管

☐ 取下排气歧管的金属垫片

（9）拆卸机油冷却器

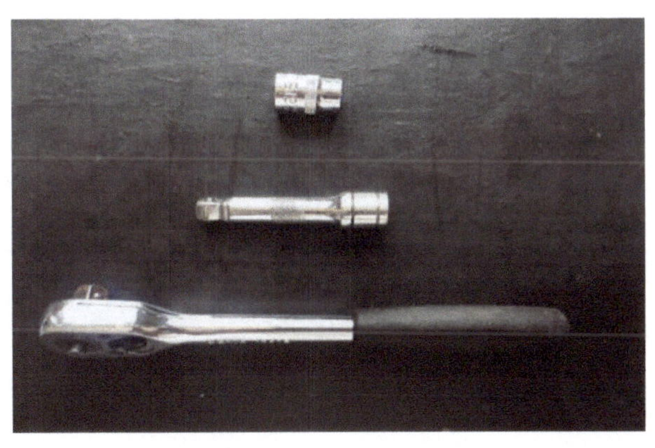

☐ 选取 9.5mm 棘轮扳手、短接杆、长套筒 E12，将其组合

□ 利用组合工具拆卸水管上的 4 个固定螺栓

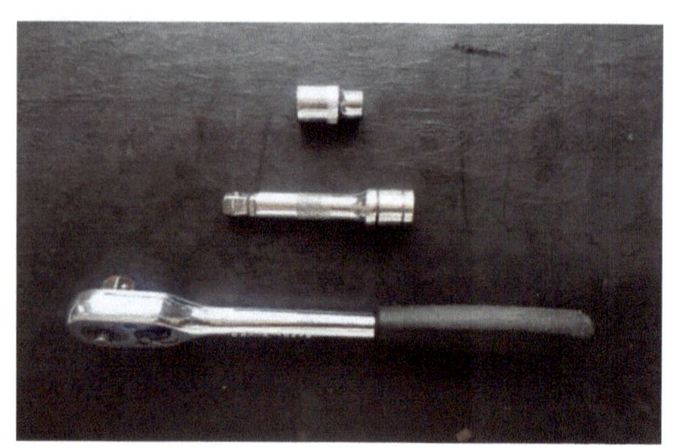

□ 选取 9.5mm 棘轮扳手、短接杆、长套筒 E10，将其组合

□ 利用组合工具分两次拆卸机油冷却器壳体上的 5 个螺栓

□ 取下机油冷却器

（10）拆卸发电机

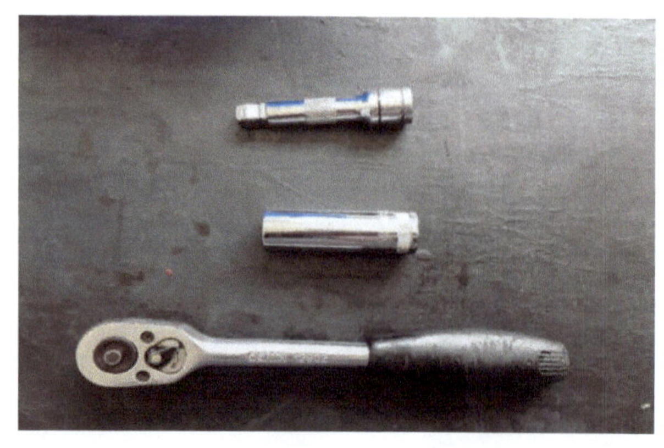

□ 选取 9.5mm 棘轮扳手、短接头、15mm 长套筒，将其组合

□ 利用组合工具拆卸发电机的 2 个固定螺栓
□ 取下发电机

（11）拆卸起动机

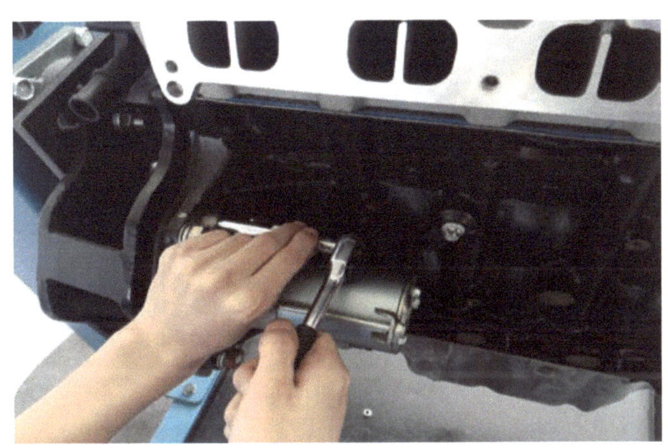

□ 选取 9.5mm 棘轮扳手、短接杆、12mm 长套筒，将其组合
□ 利用组合工具拆卸起动机的 2 个固定螺栓
□ 取下起动机

4. 遇到困惑

（1）汽车发动机主要是由哪些部件组成的？

汽车发动机主要是由曲柄连杆机构和配气机构两大机构，以及冷却系统、润滑系统、点火系统、燃料供给系统、起动系统五大系统组成的。

（2）发动机上常见外部附件主要有哪些？

发动机上常见外部附件主要有进气歧管、排气歧管、节气门控制组件、供油导架、起动机、发电机等。

找到各附件的实际安装位置

（3）什么是节气门体？它由哪些部分组成？

节气门体是控制发动机吸气多少的一个阀门，由一个圆形钢片和中间的一根轴组成。节气门体和节气门拉索连接，并由节气门拉索控制。

（4）喷油器有什么作用？对发动机工作有什么影响？

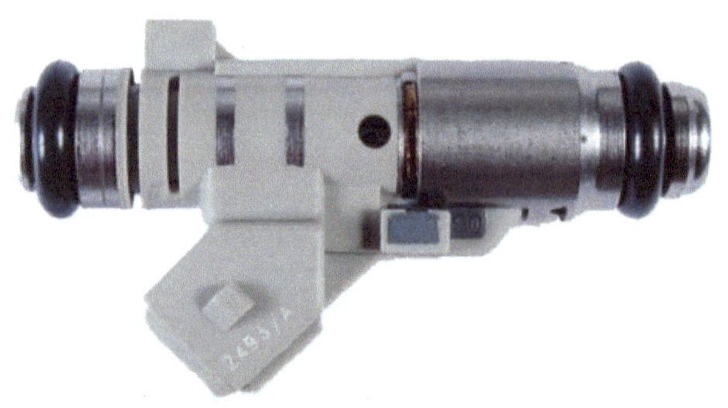

喷油嘴本身是一个常闭阀（当没有输入控制信号时，阀门一直处于关闭状态），由一个阀针上下运动来控制阀的开闭。

当ECU下达喷油指令时，其电压信号使喷油嘴内的线圈得电，从而产生磁场把阀针吸起，阀门开启，油料从喷油孔喷出。

喷油嘴工作性能的好坏，对每台发动机的功率发挥有很大影响：由于燃油不佳导致喷油嘴工作不灵，使缸内积炭严重，造成怠速不稳、油耗上升、加速无力、起动困难及排放超标，甚至彻底堵塞喷油嘴，损坏发动机。

（5）进、排气歧管有什么作用？对发动机工作有什么影响？

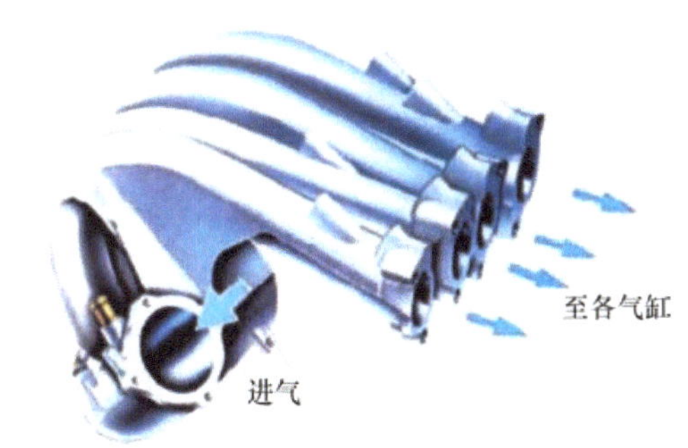

进气歧管：将空气、燃油混合气或洁净空气尽可能均匀地分配到各个气缸。为此进气歧管内气体流道的长度应尽可能相等，同时，为了减小气体流动阻力、提高进气能力，进气歧管的内壁应光滑。

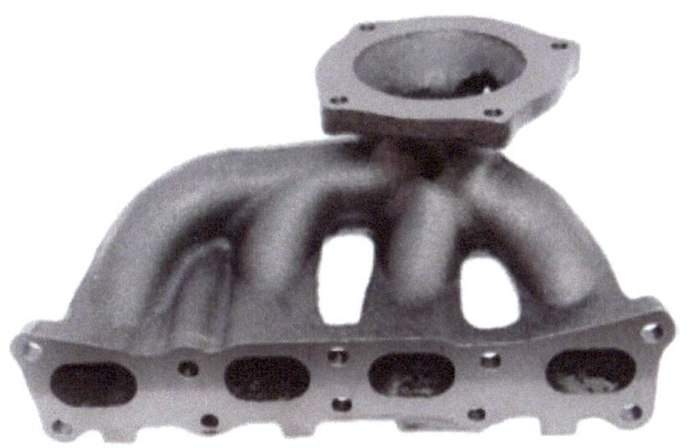

排气歧管：与发动机气缸体相连，将各气缸的排气集中起来导入排气总管。对它的要求主要是尽量减小排气阻力，并避免各气缸之间相互干扰，否则排气阻力大，发动机的输出功率会降低。

（6）发电机有什么作用？

汽车发电机是汽车的主要电源，其功用是在发动机正常运转（怠速以上）时，向所有用电设备（火花塞、发动机风扇、室内灯、前照灯、雾灯、示宽灯、各种电子传感器、空调风机、压缩机及音响等）供电，同时向蓄电池充电。

（7）起动机有什么作用？

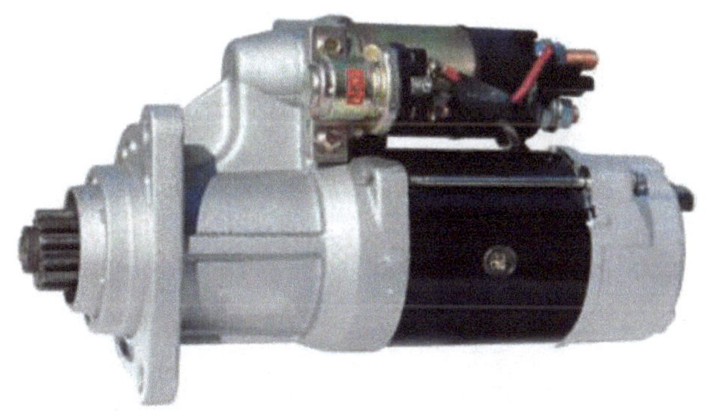

起动机可以将蓄电池的电能转化为机械能，驱动发动机飞轮旋转，从而实现发动机的起动。

发动机在以自身动力运转之前，必须借助外力旋转。发动机借助外力由静止状态过渡到能自行运转的过程，称为发动机的起动。

起动机在起动发动机的过程中，要从蓄电池引入300~400 A•h的电量，因此为了防止蓄电池发生过电流或损坏，起动时间不应超过5s。

冬季容易出现起动困难的现象，多次起动时每次起动时间不宜过长，各次起动也应留有适当间隔。

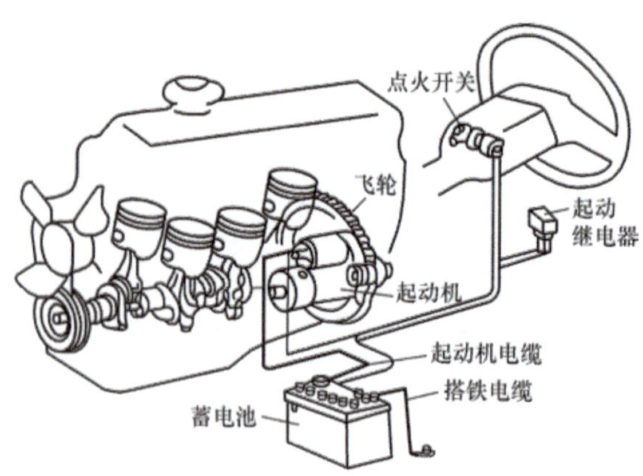

5. 任务深入

（1）检测喷油器

□ 将喷油器依次从供油导架上拆卸下来，并按顺序摆放于零件盒内

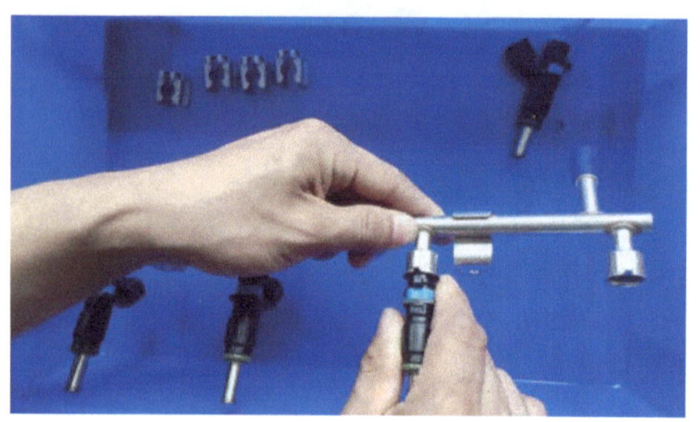

□ 选取喷油嘴清洗机

□ 将喷油嘴清洗机上的燃油导轨拆卸下来

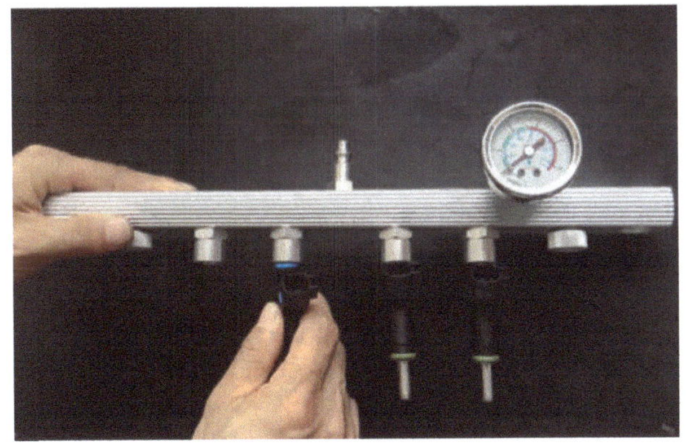

□ 将各个喷油嘴按顺序依次安装到清洗机的燃油导轨上

□ 取下喷油嘴清洗机上的防尘盖

□ 对称旋紧喷油嘴清洗机燃油导轨上的 2 个压紧螺母

□ 转动各个喷油器，检查喷油器的压紧力大小

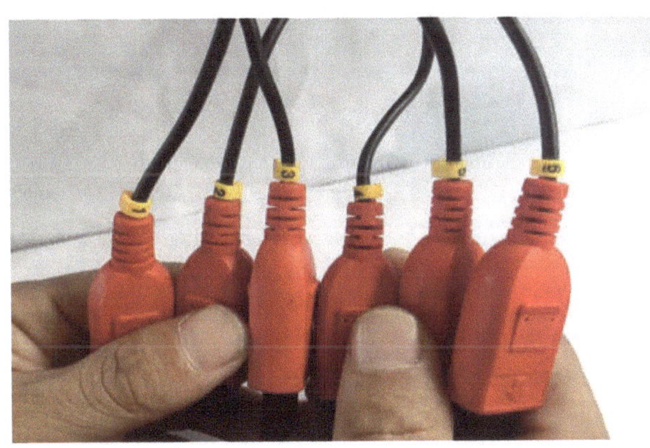

□ 取出喷油嘴清洗机上的各个导线插头，查看上面的数字标记

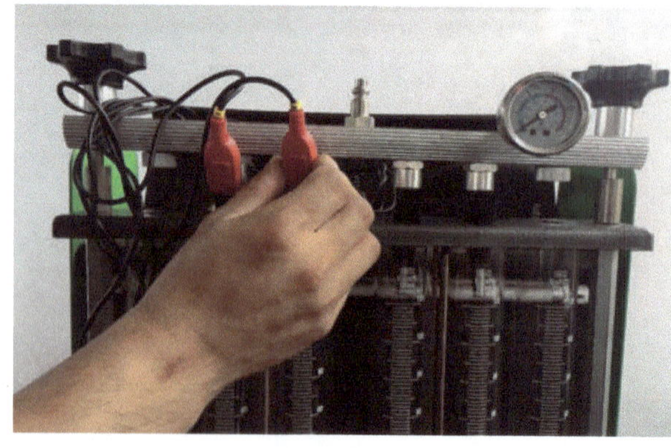

- □ 将喷油器电插头按顺序依次与导线连接起来

- □ 取出喷油嘴清洗机上的进油管
- □ 将进油管与燃油导轨连接起来

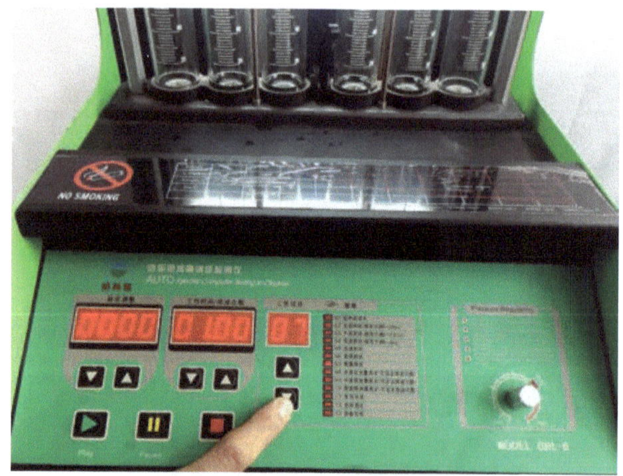

- □ 将喷油嘴清洗机与电源连接起来
- □ 选择测试项目：根据不同转速查看喷油器的喷油情况

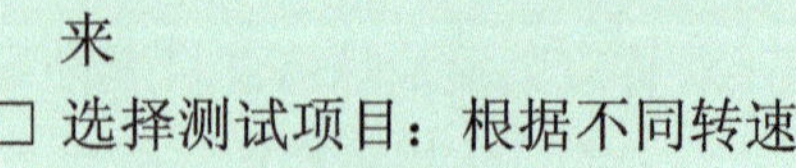

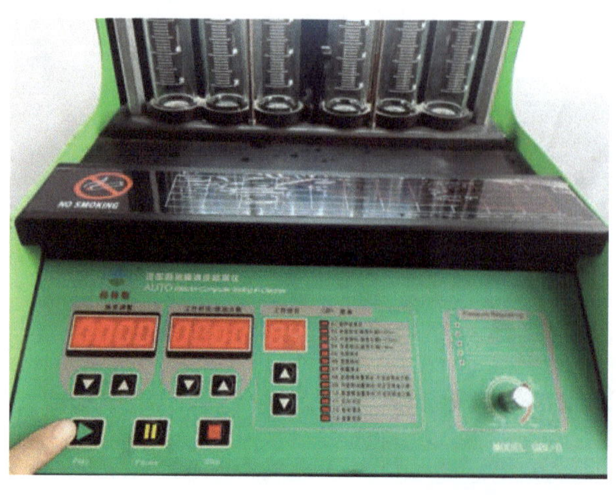

- □ 按“开始测试”按钮，执行所选工作项目
- □ 按“停止测试”按钮，停止所选工作项目

□ 旋转“压力调节”旋钮：向左 / 右旋转，减小 / 增大测试压力。注意观察供油压力

□ 观察各喷油器的喷油状态

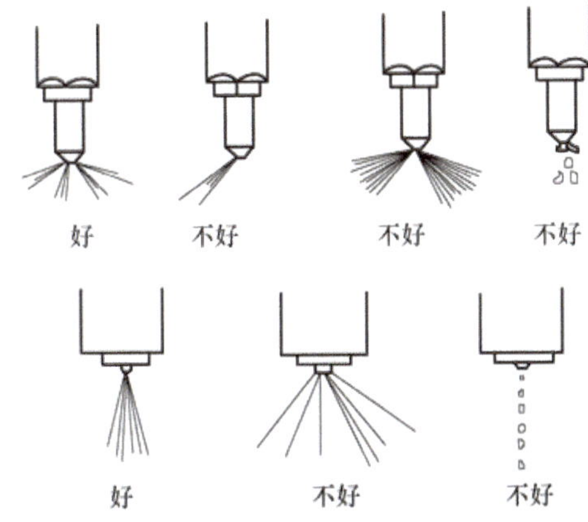

□ 针对不同类型的喷油器，记录检测结果

检测结果：______________________________

____

采取措施：________________

____

____

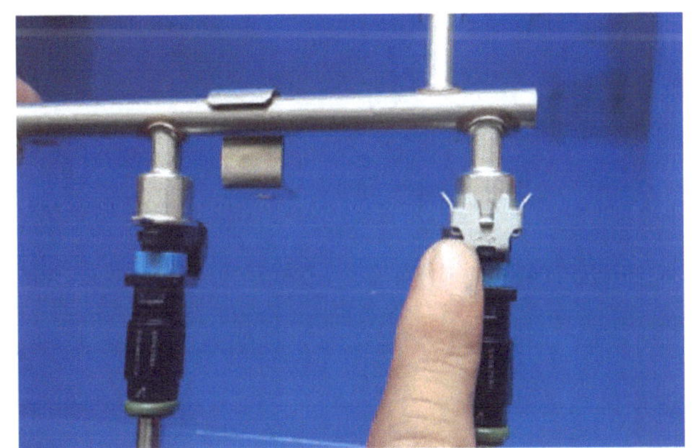

□ 待检测完毕后，将喷油器从清洗机上取下，重新装复到供油导架上。注意（卡扣）安装要到位

（2）检查节气门体

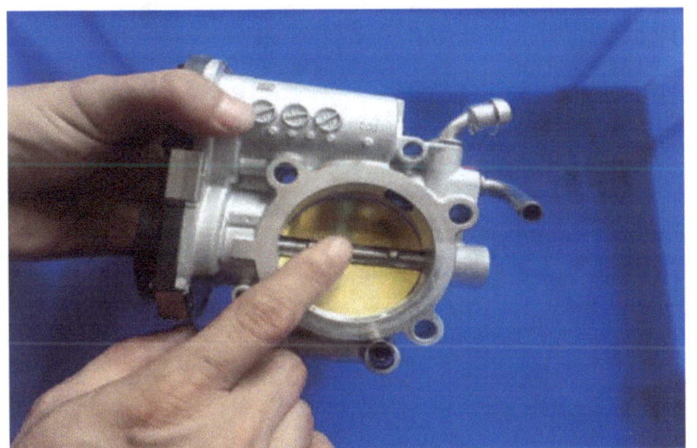

□ 检查节气门孔和节气门片上是否有沉积物

□ 检查节气门体转动是否顺畅，有无卡带、积炭、脏尘

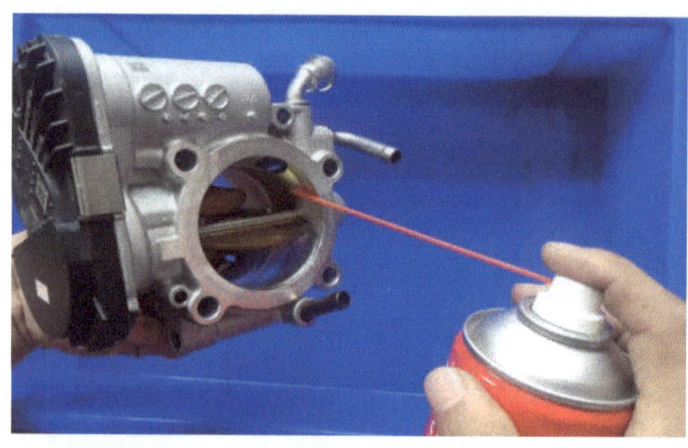

□ 利用空气清洗剂清洁节气门体孔和节气门片，去除积炭、脏尘

检查结果：______________

____

采取措施：__________

____

____

(3) 检查进气歧管

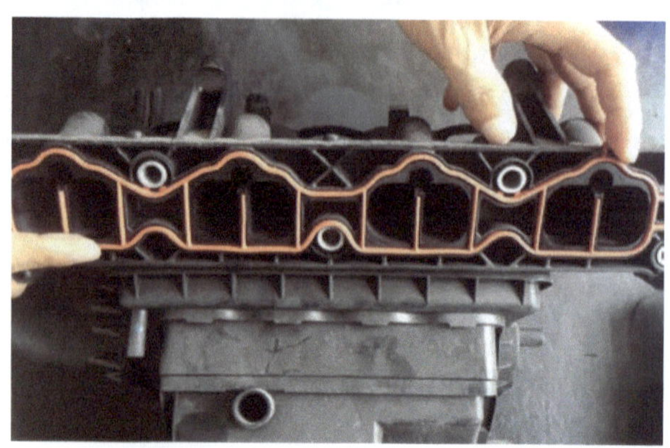

□ 检查进气歧管是否损坏
□ 检查进气歧管在金属插件附近是否开裂
□ 检查进气歧管表面的曲轴箱通风道是否堵塞

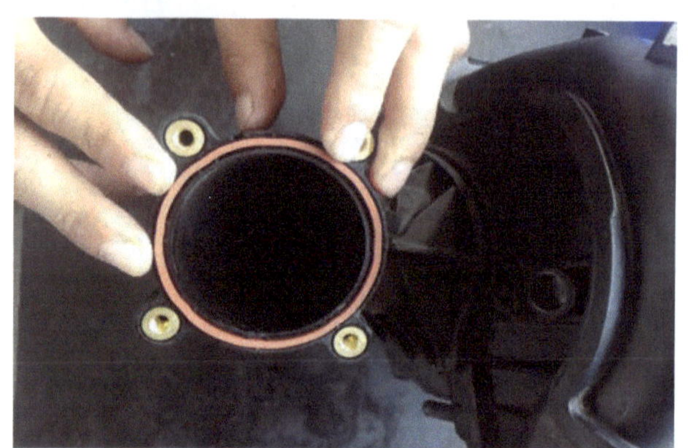

□ 用气枪清洁进气歧管接合面
□ 用气枪清洁节气门体密封面
□ 用气枪清洁进气歧管至气缸盖密封面

检查结果：______________

____

采取措施：__________

____

____

(4) 检查排气歧管

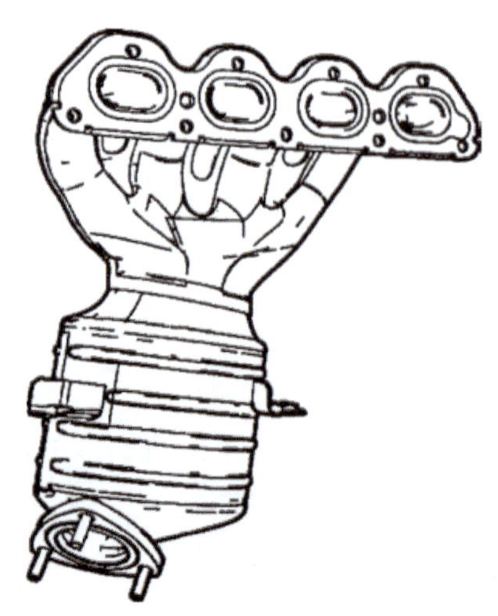

□ 检查排气歧管表面有无裂纹，接合处有无开裂
□ 利用压缩空气清洁排气歧管表面灰尘

□ 更换排气歧管的金属垫片

（5）检查机油冷却器

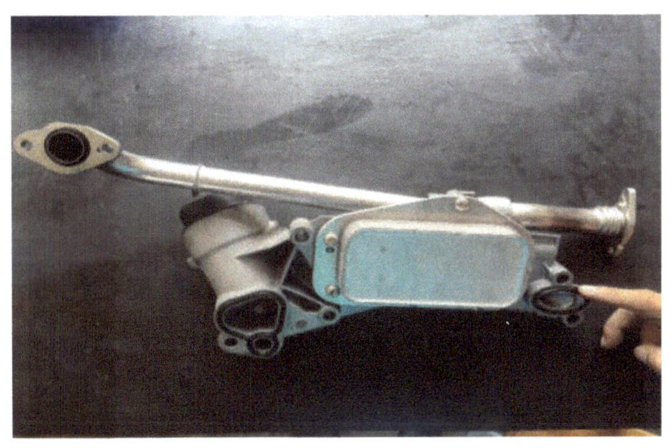

□ 更换机油冷却器管的两个密封圈

（6）检查发电机

□ 检查发电机外观是否有脏尘，是否破损

□ 检查发电机带轮是否有破损，旋转是否自如

☐ 利用游标卡尺测量电刷的外露长度，标准外露长度为 9.5～11.5mm，最小外露长度为 4.5mm

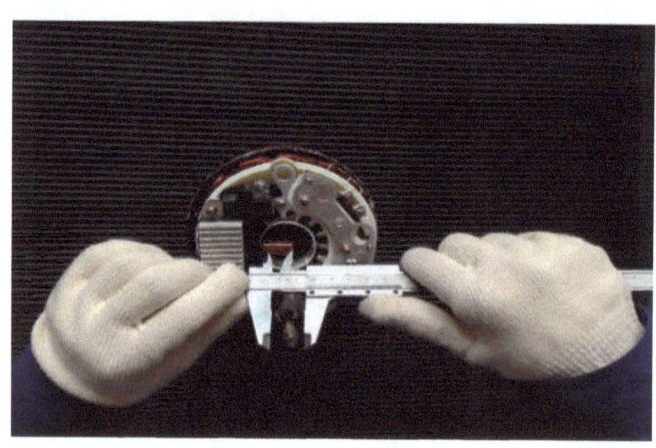

检查结果：______________________

____

采取措施：____________

____

____

(7) 检查起动机

☐ 检查起动机外观是否有裂纹、脏尘

☐ 检查单向离合器工作情况：逆时针方向转动驱动齿轮，驱动齿轮应被锁上；顺时针方向转动驱动齿轮，驱动齿轮应转动自如

检查结果：______________________

____

采取措施：____________

____

____

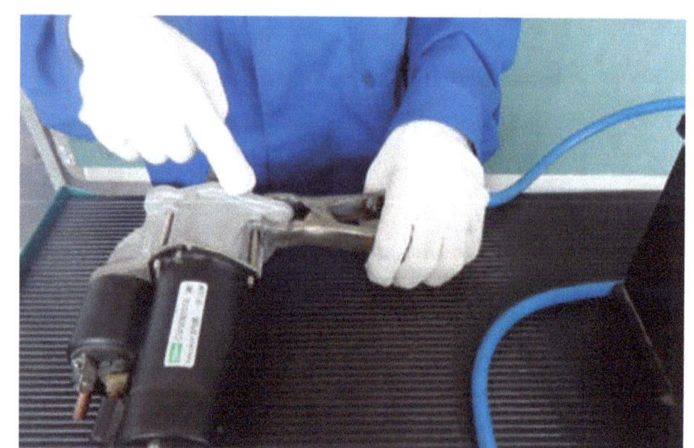

☐ 检测起动机空载运行工作情况：用跨接线连接蓄电池负极端子与起动机驱动盖

☐ 用跨接线连接蓄电池正极端子与起动机电磁开关上的端子 50 接线柱

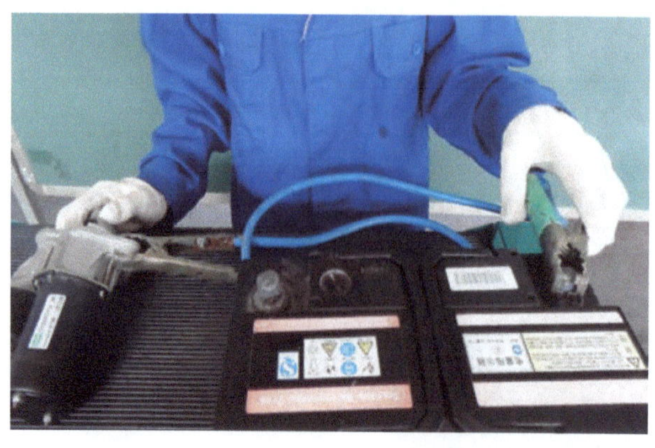

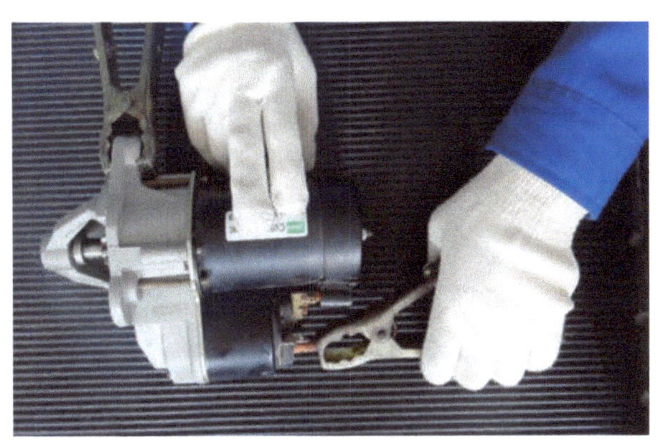

检查结果：________________

____

采取措施：________

____

____

（8）检查起动机

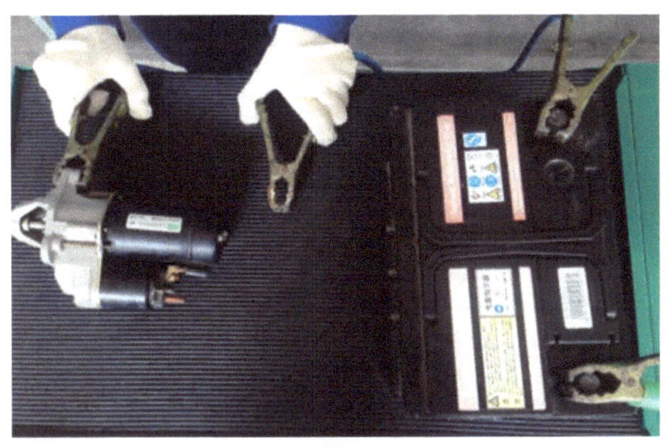

□ 用跨接线连接蓄电池负极端子与起动机驱动盖

□ 用跨接线连接蓄电池正极端子与起动机电磁开关上的端子50、30接线柱（连接时间不宜过长），观察起动机的驱动齿轮是否伸出，电动机是否高速旋转

检查结果：________________

____

采取措施：________

____

____

6. 任务突出

（1）安装起动机

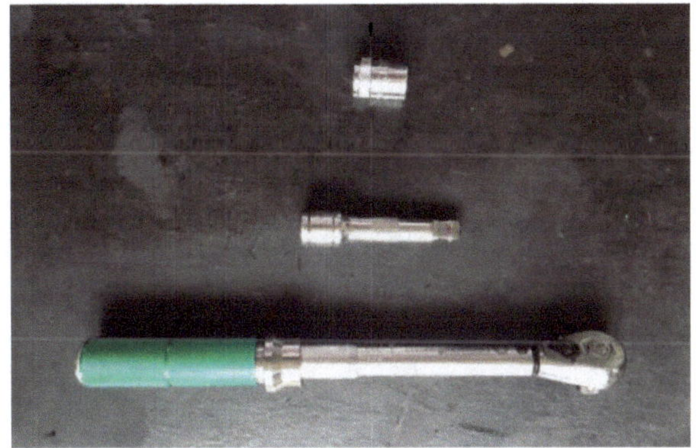

□ 选取预置式扭力扳手、短接杆、13mm短套筒，将其组合起来

□ 利用组合工具拧紧起动机的 2 个螺栓，标准力矩值为 25N・m

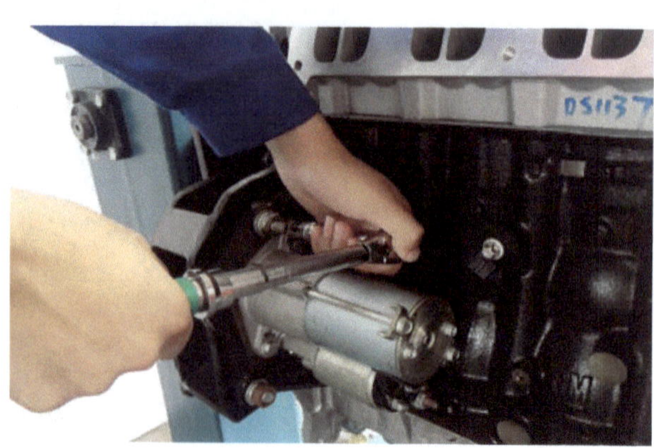

（2）安装发电机

□ 选取预置式扭力扳手、短接杆、15mm 短套筒，将其组合起来

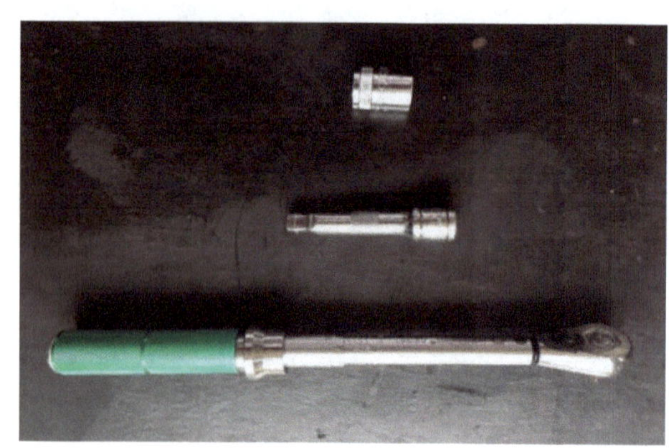

□ 利用组合工具安装发电机的两个螺栓，拧紧至 35N・m

（3）安装机油冷却器

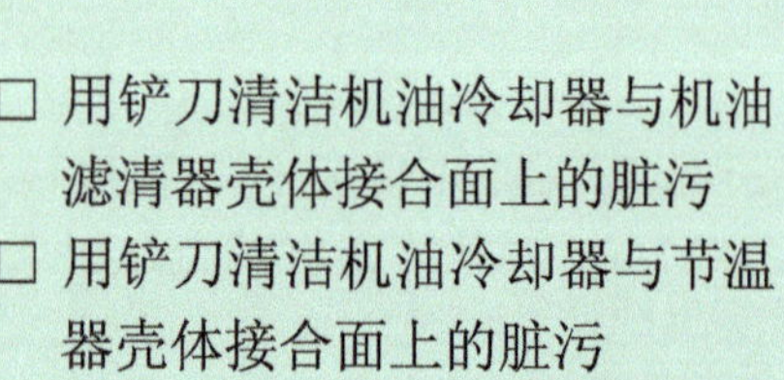

□ 用铲刀清洁机油冷却器与机油滤清器壳体接合面上的脏污

□ 用铲刀清洁机油冷却器与节温器壳体接合面上的脏污

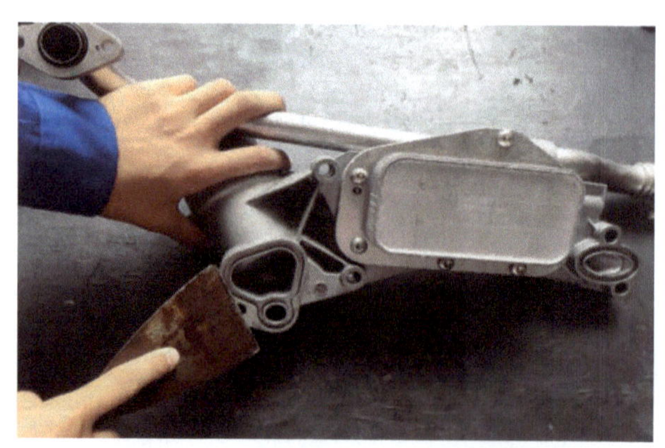

☐ 用铲刀清洁机油冷却器安装位置处（气缸体）密封面上的脏污

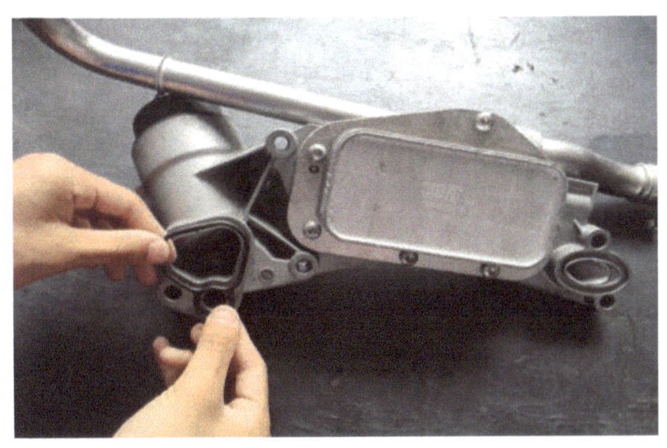

☐ 安装机油冷却器的新衬垫

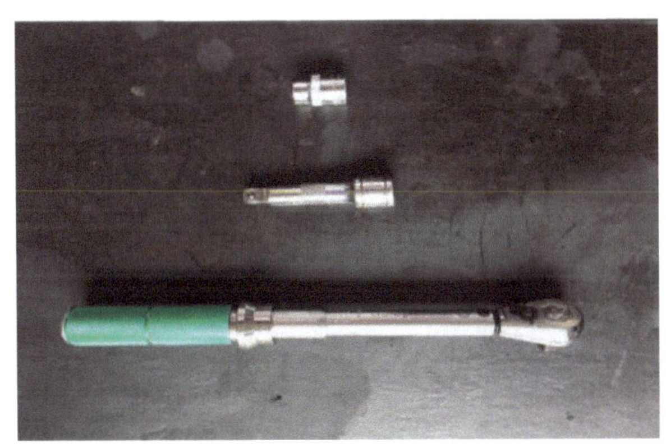

☐ 选取预置式扭力扳手、短接杆、短套筒 E12（E10），将其组合起来

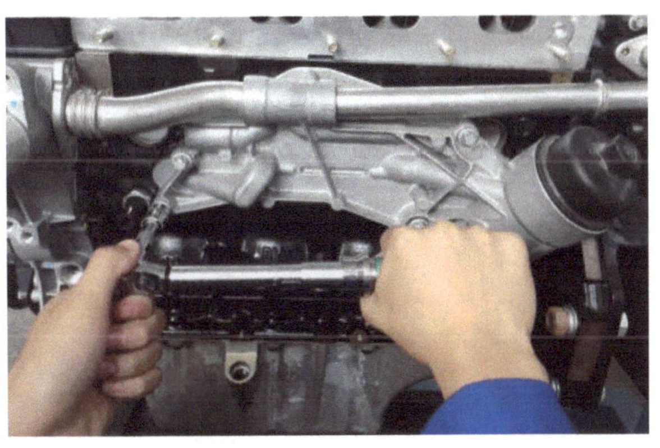

☐ 利用组合工具安装机油冷却器壳体上的 5 个螺栓，拧紧至 25 N·m

☐ 将节温器壳体冷却液管安装至机油冷却器壳体上，将 2 个固定螺栓拧紧至 8N·m

（4）安装排气歧管

□ 更换排气歧管的密封衬垫

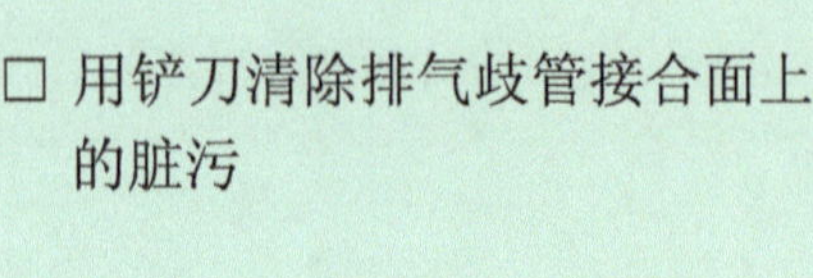

□ 用铲刀清除排气歧管接合面上的脏污

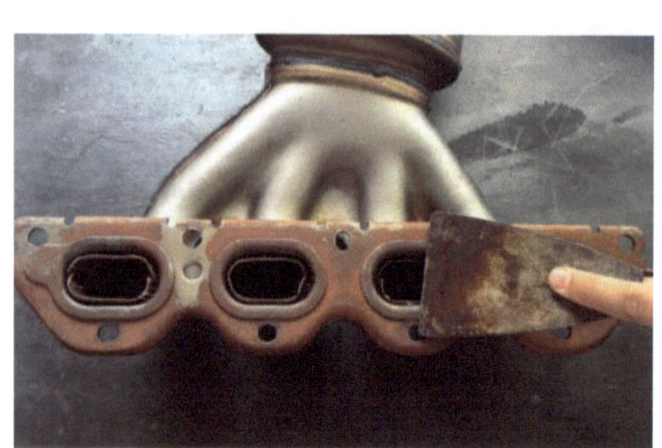

□ 用铲刀清除排气歧管与气缸体接合面上的脏污

□ 选取预置式扭力扳手、短接杆、13mm 套筒，将其组合起来

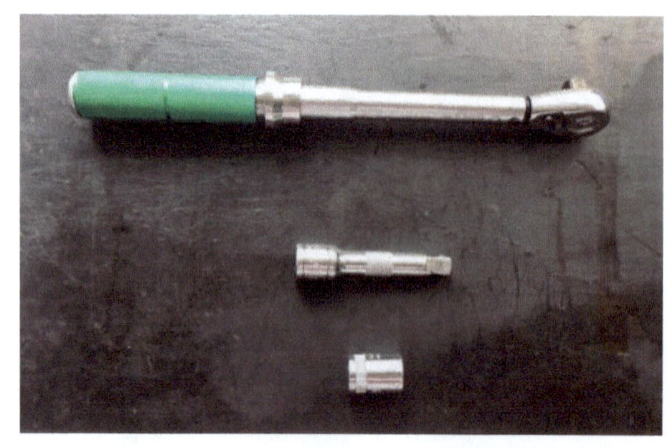

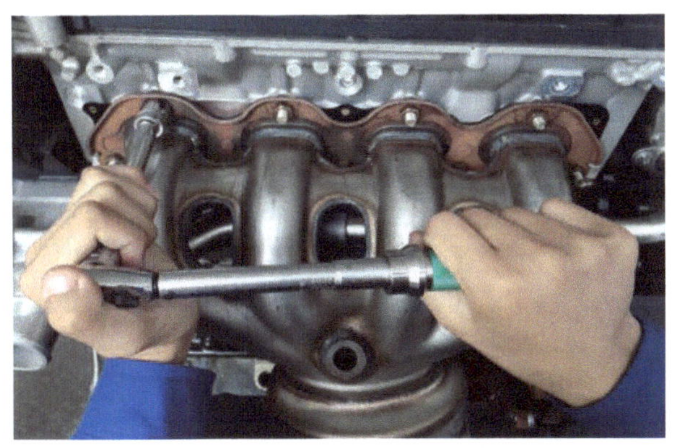

□ 利用组合工具先里面后两边以对角顺序拧紧 8 个螺母，标准力矩值为 20 N·m

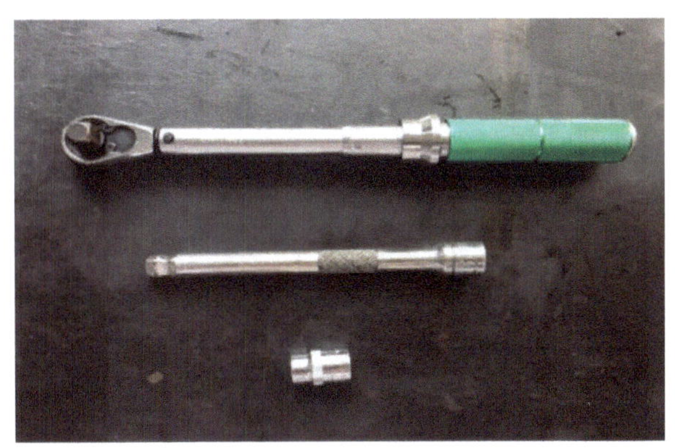

□ 选取预置式扭力扳手、长接杆、短套筒 E12，将其组合起来

□ 利用组合工具安装排气歧管托架上的 2 个螺栓，标准力矩值为 20N·m

（5）安装机油尺和导管

□ 更换新的机油尺导管衬垫

□ 利用组合工具安装机油导管螺栓，标准力矩值为 8N·m

（6）安装氧传感器

□ 选取预置式扭力扳手、专用工具（开口接头），将其组合起来

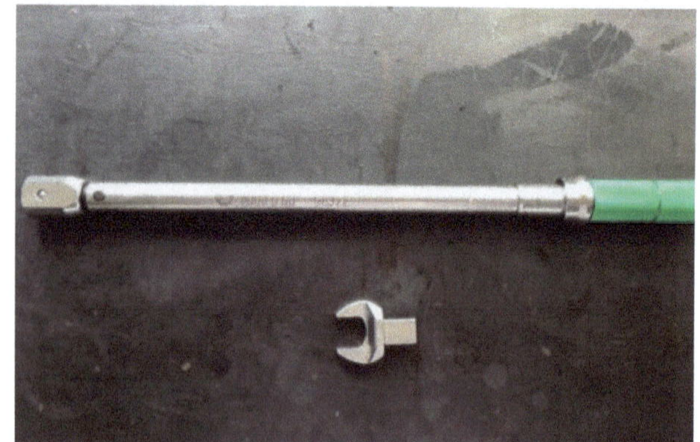

□ 利用组合工具拧紧氧传感器固定螺栓，标准力矩值为 40N·m

（7）安装进气歧管

□ 更换新的密封衬垫

□ 用铲刀清除进气歧管接合面上的脏污

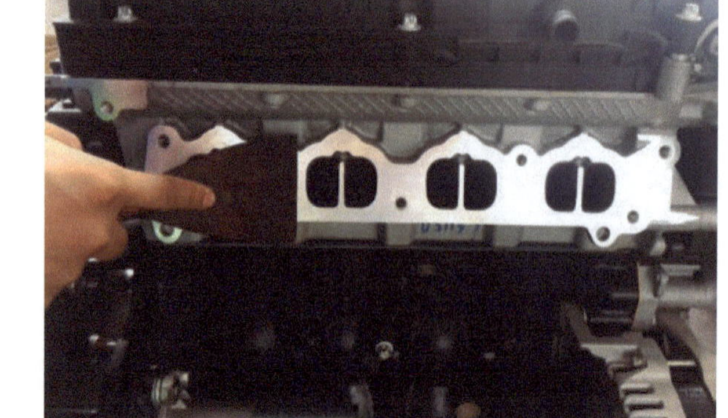

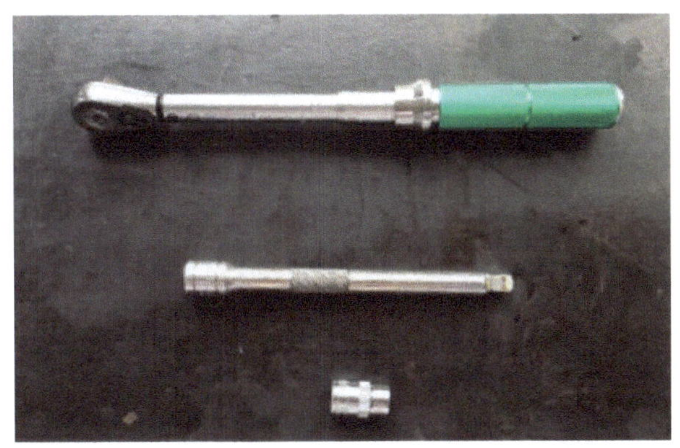

□ 选取预置式扭力扳手、长接杆、短套筒 E12，将其组合起来

□ 利用组合工具先里面后两边拧紧进气歧管托架上的 7 个螺栓，标准力矩值为 15N·m

（8）安装节气门控制组件

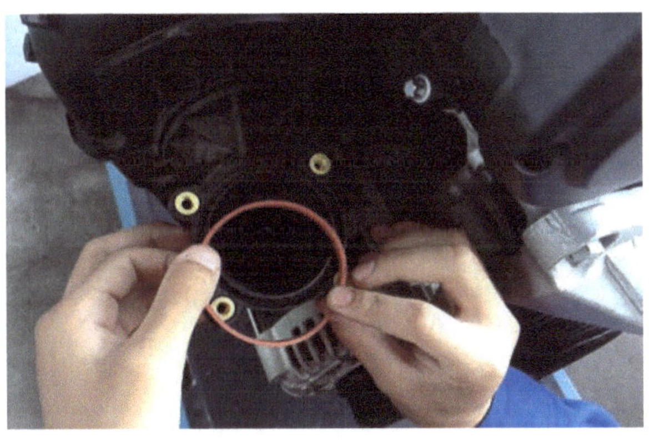

□ 更换新的密封衬垫

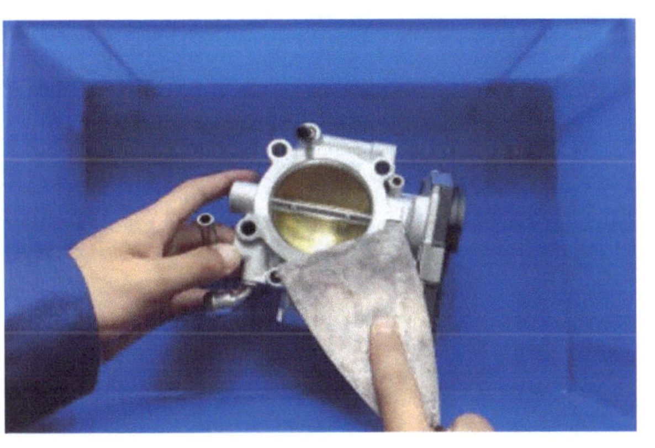

□ 用铲刀清除节气门控制组件接合面上的油污

□ 选取预置式扭力扳手、长接杆、十字套筒，将其组合起来

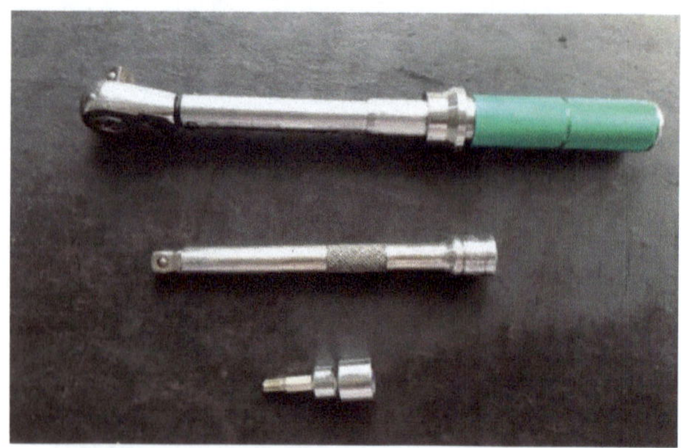

□ 利用组合工具拧紧节气门体的 4 个螺栓，标准力矩值为 8N · m

（9）安装压力传感器

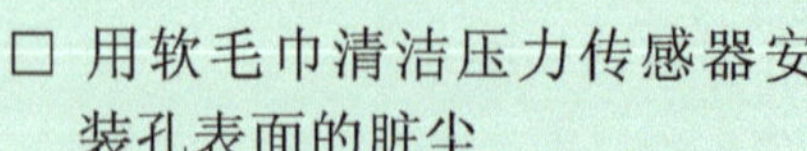

□ 用软毛巾清洁压力传感器安装孔表面的脏尘

□ 选取预置式扭力扳手、短接杆、十字套筒，将其组合起来

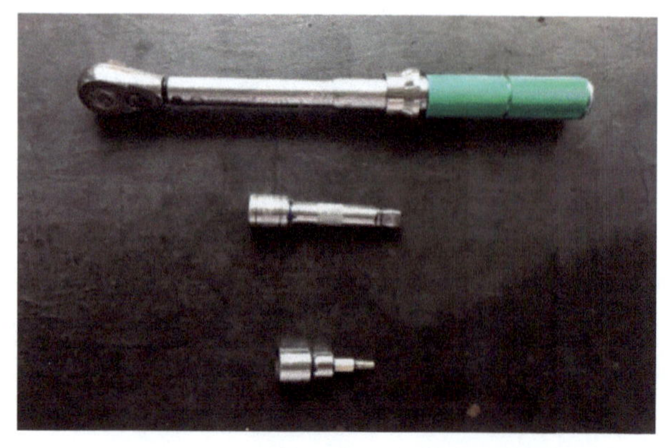

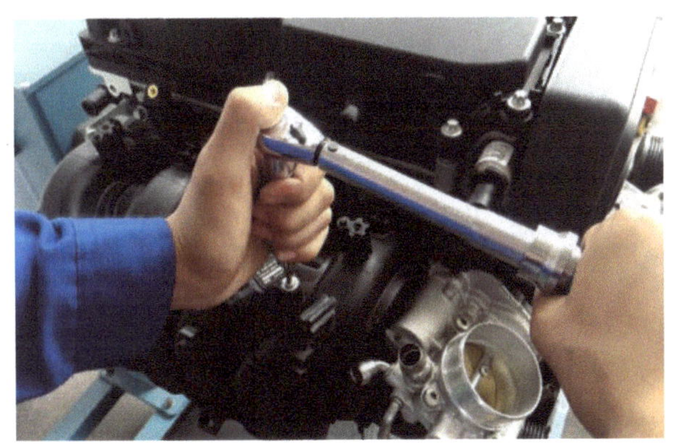

□ 利用组合工具拧紧压力传感器上的螺栓，标准力矩值为1.8N·m

（10）安装供油导架

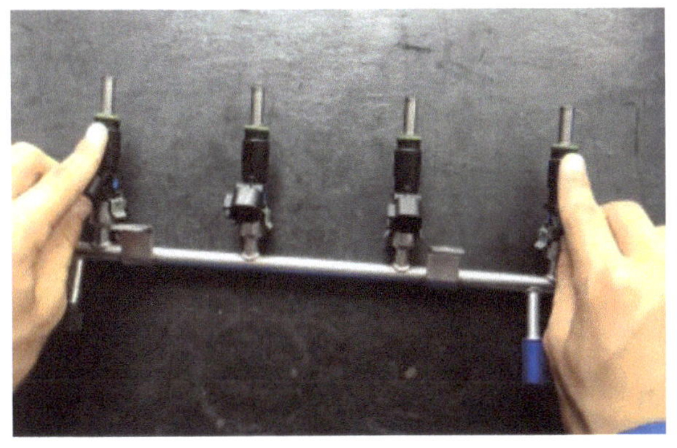

□ 更换4个新喷油器密封圈

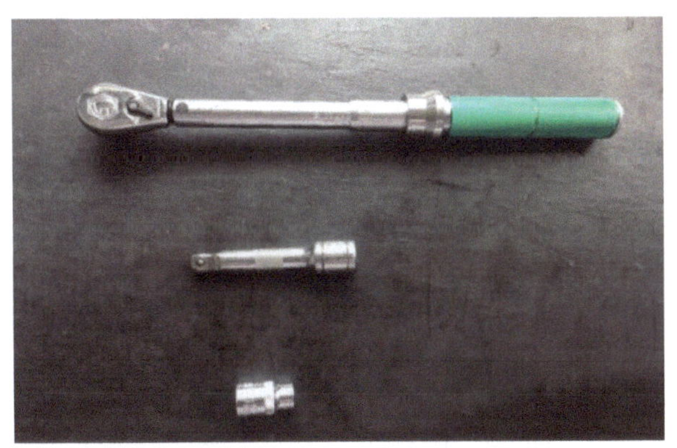

□ 选取预置式扭力扳手、短接杆、短套筒E8，将其组合起来

□ 利用组合工具拧紧供油导架上的2个螺栓，标准力矩值为8N·m

(11) 工位整理

1) 工具整理

□ 整理所使用的工具、量具、实训设备，用软布擦拭工量具表面脏尘，做好工量具与相关设备的维护工作

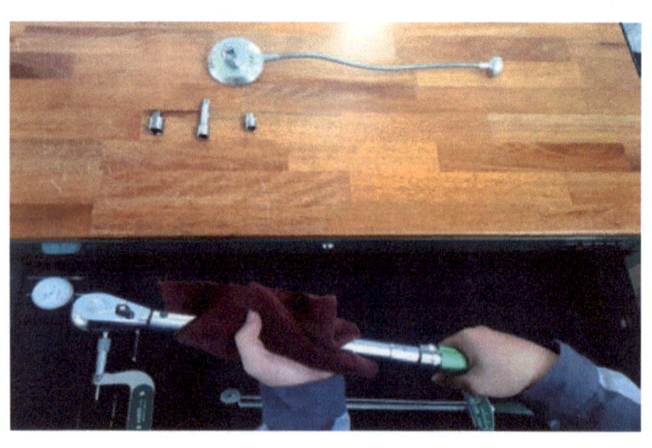

2) 工位清洁

□ 清洁实训工位，清除工位上的油污、废料、尘土，保持台架干净、整洁

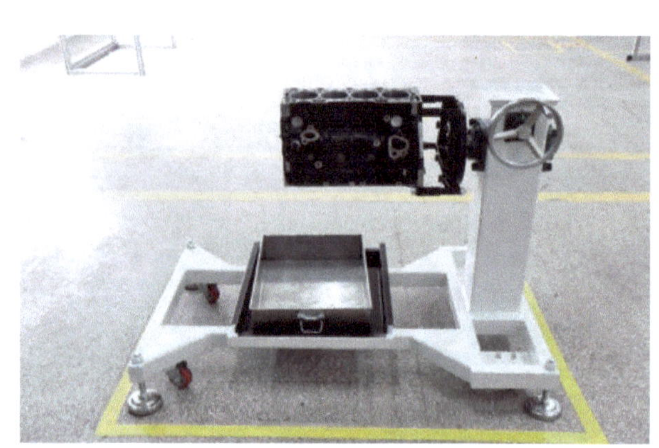

3) 场地清扫

□ 清扫实训场地，清除地面上的油污、废料、尘土，保持地面干净、整洁

7. 任务评价

认真填写实训项目工单。

实训项目工单

<table>
<tr><td>姓名</td><td></td><td>车型名称</td><td></td><td>发动机型号</td><td></td></tr>
<tr><td>完成时间</td><td colspan="3"></td><td>成绩</td><td></td></tr>
<tr><td>项目名称</td><td colspan="5">发动机附件检修</td></tr>
<tr><td>项目重难点</td><td colspan="5">1. 掌握汽车发动机附件的主要检修内容。
2. 能正确、规范地完成汽车发动机附件的检修操作流程。</td></tr>
<tr><td colspan="6">任务准备</td></tr>
<tr><td>必要的理论知识要点</td><td colspan="5">1. 简述汽车发动机附件的主要组成。
______
______
2. 汽车发动机的主要附件有什么作用？找出各附件的实际安装位置。
______
______</td></tr>
<tr><td>所涉及的实训工具</td><td colspan="5"></td></tr>
<tr><td colspan="6">任务反馈</td></tr>
<tr><td rowspan="13">分项检查操作情况</td><td>检查项目</td><td colspan="2">正常打√，异常打×</td><td colspan="2">异常原因分析（主要）</td></tr>
<tr><td>步骤 1</td><td colspan="2">□ 前期基本检查到位</td><td colspan="2">关键部位检查缺失</td></tr>
<tr><td>步骤 2</td><td colspan="2">□ 能正确选用工具</td><td colspan="2">工具选用错误</td></tr>
<tr><td>步骤 3</td><td colspan="2">□ 能规范地拆卸燃油分配管</td><td colspan="2">拆装操作不规范</td></tr>
<tr><td>步骤 4</td><td colspan="2">□ 能规范地拆卸节气门控制组件</td><td colspan="2">拆装操作不规范</td></tr>
<tr><td>步骤 5</td><td colspan="2">□ 能正确拆卸进、排气歧管</td><td colspan="2">操作不规范，存有安全隐患</td></tr>
<tr><td>步骤 6</td><td colspan="2">□ 对喷油器检查规范，项目到位</td><td colspan="2">检修项目不全面，存在缺失</td></tr>
<tr><td>步骤 7</td><td colspan="2">□ 对进气歧管检查规范，项目到位</td><td colspan="2">检修项目不全面，存在缺失</td></tr>
<tr><td>步骤 8</td><td colspan="2">□ 对排气歧管检查规范，项目到位</td><td colspan="2">检修项目不全面，存在缺失</td></tr>
<tr><td>步骤 9</td><td colspan="2">□ 对发电机检查规范，项目到位</td><td colspan="2">检修项目不全面，存在缺失</td></tr>
<tr><td>步骤 10</td><td colspan="2">□ 对起动机检查规范，项目到位</td><td colspan="2">检修项目不全面，存在缺失</td></tr>
<tr><td>步骤 11</td><td colspan="2">□ 能正确安装发动机各附件</td><td colspan="2">组装顺序不正确或不得当</td></tr>
<tr><td>步骤 12</td><td colspan="2">□ 各拆装工具能正确使用</td><td colspan="2">操作方法错误</td></tr>
<tr><td>归纳该项目操作要点</td><td colspan="5">在进行发动机附件检修操作时，应检查哪些项目？（写出 3 条以上）
______
______</td></tr>
</table>

（续）

任务评价				
学生自我评价（40%）	项目	得分	项目	得分
	A：任务实施 10 分		B：课堂纪律 10 分	
	C：质量反馈 5 分		D：小组协作 5 分	
	E：安全操作 5 分		F：7S 应用 5 分	
	您认为该改善的项目是__________ 您的得分：______			
小组评价（20%）	□ 优秀（计 20 分） □ 良好（计 15 分） □ 及格（计 10 分） □ 不合格（计 0 分） 您的得分：______			
实训小结（20%）（学生填写）	（说说自身的收获） 您的得分：______			
教师点评（20%）	（对你的课堂表现） 您的得分：______			
总分				
你知道吗？	在日常汽车维修过程中，汽车发动机各附件故障往往会造成汽车难起动、怠速抖动等。 在整个汽车修理作业中，发动机各附件的检修占到 9% ～ 10%，是汽车维修岗位必备的一项技能。因此，掌握发动机各附件的检修技术，能为我们以后更好地胜任汽车维修岗位（汽车机修工、汽车电工等）打下坚实的基础。			

拓展迁移

1. 模拟相似故障，根据所学知识排除大众帕萨特轿车发动机附件的故障。

2. 结合实车，观察上海通用雪佛兰科鲁兹轿车发动机的各附件与大众帕萨特轿车发动机的各附件有什么不同之处（**提示：可以从部件安装位置、控制过程等方面来思考**）。

参考文献

[1] 陈超杰 . 汽车检修典型项目实训［M］. 北京：机械工业出版社，2016.

[2] 陈超杰 . 汽车维护典型项目实训［M］. 北京：机械工业出版社，2016.

[3] 陈开考 . 汽车构造与拆装（上）［M］. 北京：机械工业出版社，2010.

[4] 陈开考 . 汽车构造与拆装（下）［M］. 北京：机械工业出版社，2010.

[5] 倪爱勤 . 汽车电气［M］. 北京：机械工业出版社，2010.

[6] 张弟宁 . 汽车发动机构造与维修［M］. 北京：人民交通出版社，2008.